81

3482

Chemins de fer Romains

Note

Pour la Société Générale des Chemins de fer Romains ;

Contre Mr Collet-Meygret, ex-Directeur général des travaux de la dite Société.

———————————

La Société Générale des Chemins de fer Romains a révoqué M. Collet-Meygret de ses fonctions de Directeur général des Travaux.

En prenant cette décision, justifiée par les griefs les plus nombreux et les plus graves, elle avait, en outre, résolu de former contre M. Collet-Meygret une demande en dommages-intérêts pour réparation du préjudice considérable, que, par son fait, et dans l'exercice de son mandat, il a causé à la Société.

Pour chercher à échapper à cette conséquence de ses fautes, M. Collet-Meygret a imaginé de devancer la Société, en formant, lui-même contre elle, une demande en paiement de 200.000 francs comme indemnité de la révocation.

Il ne pourra ainsi donner le change au Tribunal arbitral.

Sa demande sera repoussée et celle de la Société devra être admise.

Pour le justifier, il nous faut préciser avec détail les faits antérieurs au procès.

§ Ier.
Faits Généraux.

———————————

La Société générale des Chemins de fer Romains a conféré, le 6 Juin 1857, à M. Collet-Meygret le mandat de Directeur général des Travaux.

En lui confiant ces fonctions, et en l'envoyant à Rome pour les exercer, le Conseil d'administration avait la pensée de lui faire représenter la Société auprès du Gouvernement.

Le Traité déterminait ainsi le mandat de M. Collet-Meygret :

« Monsieur Collet-Meygret, ingénieur au Corps impérial des Ponts et
« Chaussées, agissant sous la réserve du consentement de S. E. Monsieur le Ministre
« de l'Agriculture, du Commerce et des Travaux publics, s'engage, envers la Société

1859

« générale des Chemins de fer Romains, à remplir pendant cinq années, les fonctions
« de Directeur général des travaux des chemins de fer de Rome à Civita Vecchia, de
« Rome à Bologne, par Ancône, et de Bologne au Pô, par Ferrare, lesquels
« comprennent les concessions actuelles de la dite Société.

« Le consentement de S. E. le Ministre devra être obtenu avant le premier
« Aout prochain.

« Pendant ces cinq années qui partiront du jour où M. Collet-Meygret
« aura donné communication à la Société de l'obtention de son congé, M. Collet-Meygret s'engage
« à diriger exclusivement la construction des chemins sus-énoncés, en se conformant sur
« toutes choses, aux instructions du Conseil d'administration, et à représenter
« et à défendre les intérêts de la Société sur tous les objets qui se rapporteraient
« directement ou indirectement à la construction et pour lesquels il lui serait
« donné mandat.

« Il ne contractera, à raison de ce mandat, aucune obligation personnelle
« ou solidaire, relative aux opérations de la Société. Il ne répondra que de
« l'exécution de son mandat.

« Ses attributions administratives sont celles qu'ont, ordinairement, les
« ingénieurs en chef, Directeurs généraux de travaux de construction des lignes de fer
« dans les autres Compagnies ! »

Il fallait que M. Collet-Meygret put prendre immédiatement la
position que lui donnaient ces fonctions.

Il devait s'installer grandement comme le Représentant d'une puissante
Compagnie, recevoir, et chercher à conquérir à la Société la déférence et les
sympathies de ceux avec lesquels elle pouvait avoir des relations directes ou indirectes.
Aussi en fixant ses appointements annuels au chiffre de 25.000 fr. on lui
attribuait pareille somme pour frais de représentation et de déplacement.

En effet, il était stipulé :

Article premier.

« M. Collet-Meygret aura un traitement annuel de vingt
« cinq mille francs payables par mois.

« Ce traitement Commencera à courir à partir du jour de la signature du
« présent traité.

— Article 2. —

" Art. 2ᵉᵐᵉ

" M. Collet-Meygret aura, en outre, une indemnité annuelle de
" Vingt-Cinq mille francs, pour tous les frais de représentation, d'habitation
" personnelle, de déplacements quelconques, de courses et de voyages.

" Cette somme sera également payable par mois et à partir du jour du
" départ de M. Collet-Meygret pour Rome...

A ces avantages assurés, on ajoutait ceux-ci purement éventuels:

. Art. 3ᵉ

" Il sera alloué à M. Collet-Meygret pour l'exécution des lignes de
. Civita-Vecchia à Rome, de Rome à Bologne, par Ancône, et de Bologne à Ferrare et
" au Pô, une prime de Trois cent mille francs.

" Cette prime ne sera due qu'en tant que l'exécution des travaux, l'armement
" Complet des lignes de Civita-Vecchia à Rome, et de Rome à Bologne, par Ancône, et
" leur mise en exploitation n'excèderait pas la somme de Cent trente-Cinq millions.

" Les primes stipulées avec les Entrepreneurs pour accélérer les Travaux ne
" seront pas Comprises dans le chiffre de Cent trente Cinq millions, prévu pour la
" Dépense, ainsi qu'il vient d'être dit.

" Ne seront pas également compris dans ce chiffre de Cent trente Cinq
" millions, les frais d'administration, du personnel et autres Dépenses qui ne s'appli-
" queraient pas spécialement à l'exécution des travaux, à l'armement Complet des lignes
" de Civita-Vecchia à Rome et de Rome à Bologne, par Ancône, et à leur mise en
" état d'être exploitées.

" Art. 4ᵉ

" Dans le cas où la somme de Cent trente cinq millions prévue, ainsi qu'il
" vient d'être expliqué, serait Dépassée, la prime à allouer à M. Collet-Meygret serait
" réduite à la somme de Cent mille francs..

" Art. 5ᵉ

" Les primes qui viennent d'être stipulées, ne seront payables
" qu'à la mise en exploitation des lignes de Civita-Vecchia à Rome,
" de Rome à Bologne, par Ancône, et de Bologne à Ferrare et au
" Pô.

Art. 6ᵉ

" En accordant ces primes, le Conseil d'administration n'aliène en aucune façon

« aucun de ses Droits relatifs à la Direction complète de l'affaire, et
« notamment ceux d'indiquer le mode ou le système de construction, de choisir
« les entrepreneurs de la construction et de l'armement et de stipuler avec eux les
« conditions et les charges qui lui conviendront, et ultérieurement aux
« traités, ceux d'aviser comme le Conseil l'entendra sur l'exécution.

« Art. 7e.

« Dans le cas où par suite de circonstances quelconques, indépendantes
« de la volonté de M. Collet-Meygret, le délai de cinq années prévu
« plus haut, expirerait sans que la totalité des Lignes concédées fût livrée à
« l'exploitation, la prime à accorder à M. Collet-Meygret serait réglée à l'amiable
« ou par voie arbitrale; et les avantages stipulés ci-dessus devraient être pris pour base
« d'appréciation, sans qu'en aucun cas la prime à allouer pût être moindre de cent mille
« francs. »

Enfin, pour le cas de difficultés, on stipulait à l'art. 11 :

« Art. 11e.

« M. Liouville, bâtonnier de l'Ordre des Avocats à la Cour Impériale de
« Paris, et M. Mallet, Inspecteur général du Corps impérial des Ponts et Chaussées, sont
« choisis par les parties contractantes pour juger en dernier ressort et sans appel les difficultés
« prévues ci-dessus et toutes contestations qui pourraient naître sur l'exécution des présentes,
« pouvoir leur en donné de s'adjoindre un troisième arbitre pour constituer un tribunal arbitral,
« qui jugera également en dernier ressort et sans appel.

1°.

La position était magnifique pour M. Collet-Meygret.

Elle était inespérée, car M. Collet-Meygret sortait du Chemin de l'Est
où il n'avait eu à surveiller que la construction d'une section, et il en sortait à la suite
de discussions pénibles pour lui.

M. Collet-Meygret devait donc par son dévouement, son activité, chercher à
justifier la haute position qu'on lui confiait.

A l'exception de quelques employés qui avaient été nommés dès le début,
le Conseil laissa choisir par M. Collet-Meygret tout son personnel. Il le prit
parmi ses anciens subordonnés au Chemin de l'Est.

2°.

Au moment de ce traité, la Société était concessionnaire :

1º D'un chemin de Rome à Civita-Vecchia ;

2º D'un chemin de Rome à l'Adriatique, d'Ancône à Bologne, et de Bologne au Pô, par Ferrare.

Un traité à forfait, en date du 30 Août 1856, avait confié au Sr Desbrousses la construction et l'armement de la ligne de Rome à Civita-Vecchia.

La Société désirait presser l'exécution de cette ligne et arriver le plus tôt possible à la mise en exploitation.

Quant à la ligne de Rome au Pô, par Ancône, Bologne et Ferrare, un traité, en date du mois de Janvier 1857, avait confié l'exécution des Etudes au Sieur Froyer ; ces études devaient être faites sous la direction du Directeur général et terminées pour le premier Janvier 1858.

3º.

Le Mandat de M. Collet-Meygret était donc facile à exécuter.

Il lui fallait s'installer dans des conditions convenables avec sa nouvelle position.

Il lui fallait s'organiser pour recevoir et représenter dignement la Société.

Il lui fallait remplir le but de la Société en pressant à la fois et les travaux de la ligne de Civita-Vecchia et les études du surplus du réseau. Il devait déployer la plus grande activité ; voir tout par ses propres yeux, et surtout ne jamais hésiter à courir visiter les travaux qui lui étaient confiés ; en lui allouant à cet égard une somme à forfait, le Conseil y avait intéressé sa délicatesse.

M. Collet-Meygret ne fit rien de ce que son devoir lui traçait de faire.

Au lieu de prendre une demeure convenable et facile à trouver dans cette ville de Palais ; M. Collet-Meygret alla chercher un appartement dans un quartier éloigné, à un 2º ou 3º étage et de l'aspect le plus humble.

Il le meubla à peine et d'une manière plus que modeste.

Il s'y confina, ne voyant, ne recevant personne, et conservant ainsi pour augmenter son patrimoine, les sommes qui ne devaient entrer dans ses mains que pour être dépensées en frais de représentation.

Il fut également économe de la partie des 25.000 fr. qui devait être appliquée aux frais de voyage. Ainsi, en deux années, il n'est allé, à notre connaissance, que trois fois à Bologne, les trois fois sur l'injonction du Conseil, et encore sur ces trois voyages, les frais de l'un d'eux ne furent pas en grande partie payés par lui.

Nous sommes convaincus que si M. Collet-Meygret était tenu de fournir l'emploi des 25.000 fr payés annuellement par la Société pour subvenir à ses frais de voyage et de représentation, il ne pourrait justifier pour ces objets d'une dépense excédant 5.000 fr par an.

Cette conduite a attiré, à plusieurs reprises, les réprimandes amicales, mais sévères du Conseil.

M. Collet-Meygret n'a jamais su comprendre combien la délicatesse lui commandait d'y avoir égard.

Quant à la surveillance des études et des travaux, nous allons, examinant successivement les griefs principaux de la Société, prouver qu'à cet égard il a méconnu son devoir à un point inouï et compromis d'une manière irréparable les intérêts de la Société.

§. 2.
Etudes.

Les art. 2 et 3 du Cahier des charges de la concession de la ligne de Rome au Pô disposaient ainsi :

"Art. 2.
Présentation d'un Itinéraire.

" Dans le délai de six mois, à dater du Décret de Concession, la Société
" présentera au Ministre des Travaux publics un itinéraire de la direction qui, eu égard
" aux prescriptions du précédent article, paragr. 2, semblera s'adapter le mieux aux
" exigences topographiques et aux intérêts généraux du gouvernement du Saint-Siége.
" L'Itinéraire se composera :

" A. D'un plan topographique à une échelle qui ne sera pas moindre de
" 1/100.000.

" B. De tronçons de profils en long, et, s'il était nécessaire, de profils en
" travers, sur les points les plus difficiles.

" C. D'un rapport justificatif du tracé, eu égard aux intérêts du gouvernement
" du Saint-Siége et des localités traversées. Ce rapport contiendra une estimation sommaire
" des dépenses.

" 2. Un mois après la remise du dit itinéraire, le gouvernement devra avoir
" fixé, la Société entendue et en maintenant les points établis plus haut, la direction à suivre

Projet de Sections

Art. 3e

« A dater de la convention ci dessus arrêtée, la Société devra
« soumettre au Gouvernement de deux mois en deux mois et par section
« de 20 kil. au moins, rapporté sur un plan à l'échelle d'un dix-millième, le
« tracé définitif du chemin de fer conformément aux indications de l'itinéraire. La
« Société indiquera sur ce plan, sans préjudice du §.2 ci-après, la position des gares de
« stationnement et d'évitement, ainsi que les lieux de chargement et de déchargement. A
« ce même plan seront joints un profil en long suivant l'axe du Chemin de
« fer, un certain nombre de profils en travers, un tableau des pentes et des
« rampes, les types relatifs aux travaux d'art les plus importants et un
« devis explicatif comprenant la description des ouvrages. »

L'Itinéraire prescrit par l'art. 2 avait été présenté au Gouvernement
dans le délai prescrit, et la direction avait été acceptée par lui le 10 Xbre 1856.

En conséquence, c'est à partir de ce jour que devaient courir les délais prescrits
par l'art. 3.

M. Collet-Meygret devait donc, aussitôt son entrée en fonctions, se
mettre en mesure de satisfaire aux prescriptions de cet article.

En outre, il ne faut pas oublier que le traité de M. Collet-Meygret
manifestait la volonté de la Société de construire la totalité de ses lignes en cinq
années et créait ainsi pour lui le devoir de tout disposer de manière à ce que ce
projet pût être réalisé.

En effet, cette volonté du Conseil résultait d'une manière explicite de ce
début de l'art. 7 :

« Dans le cas où par suite de circonstances quelconques indépendantes
« de la volonté de M. Collet-Meygret, le délai de cinq années prévu
« plus haut expirerait sans que la totalité des lignes concédées fût
« livrée à l'exploitation. »

Mais pour arriver à ce résultat, il fallait que les études fussent conduites
avec soin et activité, et qu'elles fussent surtout faites d'une manière complète.

Du reste, un traité passé le 9 Janvier 1857 entre la Société et Mrs
Froyer, ingénieur civil, mettait M. Collet-Meygret largement en mesure
de satisfaire à la fois aux prescriptions du Cahier des charges de la concession et

aux désirs du Conseil d'administration.

En effet, par ce traité, M. Froyer se chargeait à forfait des études, et dans l'art. 5, on stipulait :

« ...... sans que le délai total pour la remise des projets puisse se prolonger au-delà de « dix mois comptés à partir de la date du présent traité ... »

Ainsi les Études pouvaient être exigées dans le courant de 1857.

De plus, la direction entière de ces Études restait à M. Collet-Meygret ; en effet, on lisait au traité :

« La Société aura la faculté d'indiquer l'ordre dans lequel elle préfère qu'il « soit procédé aux études et de désigner les points dont les projets sont d'un besoin « plus pressant pour elle.

« M. Froyer devra lui fournir son travail complet par sections de 30 « Kilom. chacune, distribué dans l'ordre qui aura été déterminé suivant les « conditions du paragraphe précédent.

« Il remettra ses projets entièrement dressés et étudiés dans les délais « indiqués.

« M. Froyer devra, pendant le cours de son travail, se mettre en rapport « aussi fréquemment que possible avec le Conseil d'administration ou « avec le Directeur qui lui serait indiqué par le Conseil ; lui communiquer ses « idées, ses opérations, ses minutes et se conformer aux indications qu'il « recevra de lui pour déterminer les directions à suivre, aussi bien que « les dispositions principales du tracé et du profil en long.

« Pendant toute la durée des Études, la Société aura la faculté « de faire vérifier, selon qu'elle le jugera à propos, l'exactitude des « plans, opérations et rapports de dessins exécutés en vue d'arriver « à trouver l'établissement du projet définitif. À cet effet, M. « Froyer sera tenu de, pour lui et ses agents, correspondre fréquem-« ment et régulièrement avec elle, de lui communiquer ses « carnets et dessins et de fournir tous les moyens propres à « faciliter ses recherches ... »

Voilà la position pour les études.

L'acte de concession exige qu'à partir du 10 Xbre 1856, il soit présenté tous les deux mois au Gouvernement une section de 20 Kilom. au moins.

La volonté de construire la totalité des lignes en cinq années, stipulée formel-lement dans le traité de M. Collet-Meygret, exigeait que ces délais fussent considérablement anticipés.

Le devoir de M. Collet-Meygret, son mandat sont donc à cet égard parfaitement définis.

Comment les a-t-il remplis ?

Les faits vont répondre.

Quelques mois après l'entrée en fonctions de M. Collet-Meygret, il n'avait encore pu produire aucune partie des études.

Le gouvernement pontifical s'impatientait ; il voulait voir commencer les travaux. Il était dans son droit.

M. Collet-Meygret aurait dû déjà pouvoir fournir deux ou trois sections, et dès lors on aurait pu installer des chantiers sur le tracé de ces sections.

Mais, il n'en était rien, et les impatiences du Gouvernement continuaient.

Alors on imagina d'ouvrir quelques chantiers sur des points du tracé qui semblaient incontestables.

C'était une raison pour se hâter dans les études, régulariser le plus tôt possible ce qui avait été fait.

M. Collet-Meygret s'en garda bien.

M. Collet-Meygret arrivait à son bureau à onze heures ; il s'y enveloppait de nuages de fumée, causait avec quelques amis et quittait de meilleure heure possible.

Les Employés trouvaient l'exemple de leur chef trop facile et trop agréable à suivre pour ne pas l'imiter complètement.

Aussi, aucun travail ne marchait, et on arriva à l'époque (Novembre 1857) où la totalité des études devait être terminée sans qu'un seul Kilomètre pût être fourni par le Directeur Général.

Le Conseil d'administration avait, à la date des 26 Août et 12 7bre 1857, donné à forfait au Sr Sarti et au Crédit Mobilier Toscan, la construction et l'armement de la ligne de Rome au Pô.

M. Sarti, aux termes de son traité, devait, en tous points, se soumettre à la Direction de M. Collet-Meygret, dont toute l'autorité restait intacte.

Néanmoins, il comprit bien vite le caractère de M. Collet-Meygret et vit le parti qu'il pouvait tirer de l'insouciance de ce Directeur général pour les intérêts de la Société.

Aux termes de son traité, pour commencer les travaux, il devait débuter par attaquer les points les plus importants et se subordonner du reste aux indications du Directeur général.

Il n'en fut rien, sans études, sans terrains expropriés et payés, il alla installer des chantiers sur les points les plus avantageusement payés et attaqua hardiment les travaux.

M. Collet-Meygret ne s'en inquiéta pas; il le laissa faire, comme si cela ne se passait pas sur une ligne soumise à sa direction.

Il n'en fut pas ainsi de l'Autorité Pontificale,

Le Gouvernement s'indigna, et deux avertissements des plus sévères furent donnés par le Ministre des travaux publics.

" Rome, le 10 Novembre 1857.

" Bien que le Chemin de fer de Rome à Bologne soit commencé
" en plusieurs points de la ligne, depuis plusieurs mois, le soussigné Ministre,
" attend encore les Etudes promises à plusieurs reprises, et quoique
" la Société travaille en ce moment à ses risques et périls, la régularité des
" choses exige que la Communication et l'examen des Etudes ne
" soient plus retardées.

" En conséquence, le soussigné invite la Société à donner les ordres les
" plus efficaces afin que cette partie des obligations de la
" Société ne souffre plus aucun retard dans son accomplissement

" Le Soussigné se confirme, &c..."

" Signé : Milési .,

" Rome, le 10 9bre 1857.

" Le Gouvernement reçoit continuellement et de tous côtés des plaintes
" à l'égard de la manière dont la Société Pio Centrale entreprend ses travaux, occupant
" les terrains sans aucun accord préalable avec les propriétaires et
" sans plans arrêtés du sol à occuper, ce qui en rend l'estimation impossible.

« Ce très-grave abus ne saurait être toléré plus longtemps. Et puisque
« le soussigné, après plusieurs avertissements donnés sur cette
« importante question, n'a pu obtenir aucune satisfaction, il est
« contraint de vous signifier que si la Société ne se conforme pas
« immédiatement aux règles prescrites pour les expropriations
« pour cause d'utilité publique ou si elle ne s'entend pas préalablement aux
« occupations de terrains avec les propriétaires, il donnera l'ordre aux chefs
« des provinces de faire suspendre les travaux commencés sans
« l'accord avec les propriétaires et d'empêcher le commencement de nouveaux travaux
« qui seraient dans les mêmes conditions.
« En attendant une claire et catégorique réponse sur cet
« objet, le soussigné se confirme.

« Le Ministre,

« Signé : Milési »

M. Collet-Meygret a jusqu'alors été négligent ; mais si en présence de
pareilles mises en demeure, il persiste, il va devenir bien coupable.

Que doit-il faire ?

Obéir aux Dépêches ministérielles, c'est-à-dire prendre une section, la
faire terminer, la faire contrôler, vérifier lui-même le contrôle et s'empresser
de la soumettre à l'approbation du Conseil.

Puis prendre une autre Section, faire de même ; et ainsi de suite
pour toutes les études en retard.

Il doit surtout ne laisser développer les travaux que régulièrement.

Une responsabilité énorme pèse sur lui, son mandat est assez
largement rétribué pour qu'il en accepte toutes les conséquences ; il doit donc
faire preuve de la plus grande activité, consacrer ses jours et ses nuits au travail
arriéré par sa faute et entraîner tout son personnel dans la même ardeur.

M. Collet-Meygret eut le triste courage de ne pas s'émouvoir devant
les Dépêches ministérielles et de persister dans sa nonchalance orientale.

Le Conseil s'émeut.

Le 19 Novembre 1857, l'administrateur délégué écrit au Directeur
général :

« Il faut aussi que les Études de la ligne de Rome au Pô soient mises
« au courant et nous soient communiquées au fur et à mesure dans le plus
« bref délai.

« Le Conseil doit d'abord les approuver ; puis elles doivent être soumises
« au Gouvernement immédiatement après. »

Le 28 Novembre, autre lettre dans laquelle on lit :

« Ces rapports me montrent la nécessité devenant chaque jour
« plus grande d'avoir des études définitives. J'appelle donc toute
« votre surveillance sur ce point. »

Le 1ᵉʳ Décembre, nouvelle lettre, on dit au Directeur général :

« Mais ce qu'il faut surtout, c'est exiger les études. Nous
« devons dès à présent entrer dans une marche régulière, et elle n'existera
« que quand on travaillera sur Études approuvées par nous et
« par le Gouvernement. »

Le 7 Décembre, on lui écrit :

« Je suis bien de l'avis du Ministre, il faut
« pousser activement les Études, le plus grand désordre a régné jusqu'à
« ce jour sur ce point de la part de M. Sarti, et il faut que tout
« se régularise.

« Ayons d'abord les Études d'Ancône à Bologne, puis celle des
« deux Tunnels, ensuite de Rome à Terni, et enfin le reste. »

Voici bien des avertissements !

Enfin une première section d'Études arrive ; celle de Rome à Orte.
Mais quelles Études !!

M. Collet-Meygret envoie un simple plan accompagné d'un profil
en long.

Il n'adresse pas de mémoires justificatifs, pas de profils en travers,
aucuns renseignements d'aucune espèce.

Ces études étaient présentées par les Entrepreneurs ; elles étaient telles que les Entrepreneurs doivent fournir des Études, c'est-à-dire sacrifiant la Compagnie à leur avantage.

M. Collet-Meygret n'y avait fait aucune observation.

Il les accepte telles qu'elles étaient présentées pour s'éviter la peine de les discuter.

Ainsi, dans le tracé, alors que le Cahier-des charges de l'Entreprise n'admettait dans cette partie que des courbes d'un rayon minimum de 350 mètres, M. Collet-Meygret admettait des courbes de 300 mètres.

Il laissait dévier le Tibre en deux endroits, ce que le Gouvernement n'eût jamais accepté, et ce qui dans tous les cas était compromettant pour l'avenir.

Il plaçait des stations au milieu de rampes.

Il laissait multiplier les passages à niveau pour éviter des travaux d'art à l'Entrepreneur.

Que ne pourrions-nous pas dire sur ces Études ?

Le Conseil les renvoya sans les revêtir de son approbation.

M. Sarti n'en continua pas moins à travailler.

M. Collet-Meygret mit probablement les Études au carton et laissa travailler M. Sarti à sa guise.

La seule préoccupation du Directeur Général était qu'on ne troublât pas sa quiétude, et pourvu qu'il en fût ainsi, il lâchait complètement la bride aux Entrepreneurs, sauf à la Compagnie à payer.

Les Études d'Ancône à Bologne étaient les plus urgentes ; en effet cette section sera la plus avantageuse à exploiter, et en outre, elle ne présente aucunes grandes difficultés d'exécution ; c'était donc par elle qu'il fallait commencer.

M. Collet-Meygret ne s'en préoccupait pas.

Le 16 Xbre 1857, l'Administrateur-Délégué lui écrit :

« J'appelle toute votre sollicitude sur les Études de « la ligne d'Ancône à Bologne. »

M. Collet-Meygret reçoit les lettres, les fait enregistrer quand cela lui convient ; nous aurons la preuve qu'il n'en est pas toujours ainsi, et les met religieusement aux archives.

Puis il rentre dans son calme ordinaire qu'aucun incident ne saurait émouvoir.

Un mois s'écoule ; le travail ne marche pas.

Le 21 Janvier 1858, l'administrateur délégué continue à écrire à M. Collet-Meygret :

« Les Études de Froyer demandent à être sérieusement examinées et contrôlées, votre personnel actuel d'ingénieurs vous permet de faire étudier toutes les variantes. Je dois vous rappeler « que je n'ai eu en ce moment aucune étude pour la ligne de Rome « au Pô. »

Le 27 Janvier 1858, nouvelle lettre :

« Ce que nous avons à faire, c'est à presser les Études, « à veiller à ce qu'elles soient bien faites, et à les accompagner de devis exacts. »

À ce moment, M. Collet-Meygret ne pouvait imputer qu'à lui seul si les études ne marchaient pas, car dès la fin du mois de Décembre il avait été d'un commun accord décidé que M. Froyer ne relèverait plus pour les Études que de la Société.

En outre, à ce moment, des révélations faites à la Société sur les origines du traité Sarti, avaient contraint le Conseil d'administration à en demander la résiliation.

En conséquence, les travaux auraient dû être suspendus et M. Collet-Meygret devait s'attacher énergiquement à presser les Études.

Cependant, le 13 Février 1858, l'Administrateur lui écrivait :

« Je vous rappelle les Études de Rome à l'Adriatique et celles de la ligne de Bologne à Ancône.

« Il est essentiel qu'elles soient conduites le « plus promptement possible et soigneusement « Contrôlées par nos ingénieurs de sections.

« Le Conseil d'Administration attend impatiemment « les diverses sections de ces études dont

« il n'a encore rien reçu. »

Ainsi aucune partie de ces études, qui devaient être terminées en 1857, n'était encore livrée en Février 1858.

Quelle responsabilité assumait M. Collet-Meygret en mettant ainsi la Société en contravention avec le cahier des charges de la concession, et en retardant les travaux qui ne pouvaient être faits que sur Études approuvées !

Et cette responsabilité, M. Collet-Meygret la prenait quand le Conseil le sollicitait sans cesse par la correspondance d'achever les études.

Quel nom donner à cette insouciance d'un Directeur Général qui jouit d'une Liste civile de 50.000f par an ?

Le 25 Février 1858, l'Administrateur délégué écrit à M. Collet-Meygret :

. . . .

« Nous avons toujours en la pensée d'exécuter religieusement les clauses
« de nos cahiers des charges vis-à-vis du Gouvernement, mais la nomination du
« Commissaire des Chemins de fer, les attributions qui lui sont données et les idées
« qui ont déterminé sa nomination doivent nous rendre d'autant
« plus circonspects et soigneux d'éviter toute réclamation de la
« part du Gouvernement.

« Ceci nous amène au cas tout spécial des Études dont vous me parlez dans
« une de vos lettres :

« Le traité fait avec M. Froyer date de Janvier 1857, et il
« est vraiment déplorable que le Conseil d'Admi-
« nistration n'ait pas eu à ce moment un seul Kilo-
« mètre d'études définitives.

« C'est là que doit se porter toute votre attention.

. . . .

« Cette question des études doit être conduite avec le
« plus grand soin et la plus grande activité.

« Vous ne nous avez encore rien envoyé pour les études de Rome à Corni. »

La lettre est sévère.

Elle n'émeut pas le Directeur.

Une nouvelle lettre particulière la suit :

« Hâtez les études, c'est là notre but actuel, avoir des études bien
« faites, excellentes.

« Employez vos ingénieurs de section à aider, à rectifier Froyer.

« J'ai reçu votre devis, mais je voudrais pour les parties étudiées
« un devis définitif et approfondi ».

Enfin M. Collet-Meygret envoie les études de Bologne à Ancône.

On n'a pas oublié combien il lui a été recommandé de faire contrôler les études
par ses ingénieurs et de les contrôler lui-même ?

Combien on lui a demandé qu'elles fussent bonnes, excellentes, complètes ?

Il se borne cette fois encore à envoyer un plan en tracé et un profil en long.

Aucun mémoire justificatif.

Aucun profil en travers.

Aucun document sur l'origine des grands torrents que la ligne traverse.

« Rien, que ce tracé et ce profil en long qu'il envoie tels qu'il les a reçus de M.
Froyer, sans les avoir examinés, sans les avoir fait contrôler et vérifier sur le terrain.

Voici un directeur-général qui envoie un tracé de 200 kilomètres qu'il n'a
pas même parcouru.

Il est vrai qu'il a 25.000 fr. à forfait pour les frais de
déplacement !

Le Conseil d'Administration se refuse à accepter les Études comme il avait
déjà refusé d'approuver celles de Rome à Ostie.

Le 16 Mars 1858, l'Administrateur délégué écrivait à M. Collet-Meygret :

« Nous avons reçu les projets définitifs de la Section de Bologne à Rimini, ils
« comprennent le plan et l'avant-projet.

« Nous regrettons qu'ils n'aient pas été accompagnés des différents
« profils des études qui ont pu être faites, et d'un rapport détaillé
« indiquant les motifs qui vous ont conduit à nous proposer
« l'adoption de ces projets.

« Nous n'avons jamais compris l'intervention de M.
« Froyer dans nos études que pour préparer les éléments ».

« Mais avant de rien adopter définitivement, nous
jugeons essentiel que les Ingénieurs de la Compagnie
« vérifient ces études sur le terrain, au triple point de
« vue de la construction, de l'exploitation et du tracé.

« C'est seulement quand cet examen aura été fait et
« quand par un rapport détaillé nous aurons
« pu nous convaincre que le meilleur tracé
« possible a été proposé que nous pourrons
« approuver les études.

« Nous comprenons que l'empressement du
« Gouvernement pontifical vous ait forcé d'abréger les
« préliminaires à la présentation des projets, cependant
« il conviendrait de faire ces observations au Commis-
« -saire général et de l'amener ainsi à prendre patience.
« Dans tous les cas, vous pouvez présenter une partie
« des projets que vous nous avez adressés en faisant
« toutes réserves de modifications ultérieures.

« Vous ferez ensuite contrôler avec soin les
« Études, et bien certainement toutes les modifications
« que nous demanderons seront acceptées par le
« Gouvernement, puisqu'elles seront dans l'intérêt
« Commun. »

Ainsi, M. Collet-Meygret est averti par les lettres
du 21 Janvier 1858, du 27 Janvier 1858, du 13 Février 1858,
du 25 Février, qu'il faut que les études soient complètes, revues,
contrôlées par lui.

Le 18 Mars 1858, nouvelle lettre de l'Administrateur
délégué :

« Nous venons de recevoir deux nouvelles sections
« de la ligne d'Ancône à Bologne. Leur examen nous
« a suggéré les mêmes observations que nous avons déjà
« dû faire dans notre lettre du 16 courant.

« Ces études révèlent la possibilité d'une exécution
« par le tracé présenté ; mais elles n'établissent pas
« que ce soit le tracé le plus favorable au triple
« point de vue de la construction, de l'exploitation
« et du trafic.

« C'est cependant ce qui doit être établi, et le Conseil ne saurait
« approuver les études sans avoir les documents à l'appui.

« Nous avons voulu obtenir l'avis d'un Conseil
« d'Art. Il nous a été répondu par la personne éminente
« à laquelle nous nous sommes adressés :

« Où sont les attaches des Ingénieurs de la
« Compagnie ?

« Où le rapport ?

« N'ayant pas ces pièces, nous avons dû surseoir.
« Nous ajoutons que nous pensons qu'elles ne sont pas
« dans vos mains, et que probablement aucun contrôle sérieux
« et détaillé n'a encore à ce jour été organisé.

« Il doit cependant en être ainsi.

« M. Froyer pose les jalons ; mais c'est à votre
« personnel d'ingénieurs à vérifier s'ils sont dans les
« meilleures conditions.

« C'est donc une organisation toute nouvelle à faire,
« et elle nous amène à changer quelque peu nos indications
« précédentes.

« Pour procéder utilement, nous devons commencer par les études de Bologne
« à Ancône. Là, devront se concentrer d'abord tous nos efforts. Plus tard nous pourrons
« nous reporter sur la ligne d'Ancône à Rome.

. . . . « Mais, nous vous le répétons, il
« faut que nos lignes soient bien construites, que les travaux
« des sections avancées se fassent rapidement afin d'utiliser
« nos capitaux engagés, et le seul moyen d'atteindre ce but, c'est une
« bonne distribution d'ingénieurs qui ne leur confère pas une surveillance au-dessus de leurs forces.

« Le 20 Mars, troisième lettre.

« Voici quelques observations que malgré le manque de mémoires
« descriptifs et de pièces indiquant le calcul des terres , je
« peux vous adresser avec exactitude. »

Mr Collet-Meygret doit donc faire contrôler et faire
vérifier ces études de Bologne à Ancône.

On va le lui rappeler sans cesse.

« Le 27 Mars 1858.

. . . .

« Ce que je vous recommande, ce sont les études »

Cependant Mr Collet-Meygret a la naïveté de s'étonner
que le Conseil d'administration veuille des études sérieuses, il en
demande des explications, et s'attire la lettre suivante, le 3 Avril 1858.

. . . .

« Traitons d'abord, la question des études.
« Vous nous avez adressé les projets en profil et en plan de la
« ligne de Bologne à Ancône.
« Ces projets n'étaient accompagnés d'aucune explication,
« d'aucun rapport, rien n'établissait qu'ils eussent même été
« vérifiés par vos ingénieurs.
« Aucune pièce ne venait justifier que le tracé proposé était
« le meilleur à adopter, soit pour la traction, soit pour le trafic,
« soit même pour la dépense. Il était donc impossible de
« soumettre de pareils projets au Conseil à moins de vouloir lui
« faire rendre une décision les yeux fermés.
« Nous en avons appelé aux conseils d'un homme
« éminent, qui nous a répondu ne pouvoir donner aucun
« avis sur une simple image.

« C'est dans ces circonstances que l'un de nous vous a écrit pour vous
« prier de vouloir bien suppléer aux lacunes de votre envoi. Il vous expliquait
« en même temps que probablement, vous vous en étiez rapporté au travail
« de Mr Troyer, et que cela était insuffisant, en effet, des études
« constituent une base bien importante pour une Compagnie ; on
« peut les confier à un forfaiteur, pour, comme on dit trivialement,
« décrotter le terrain, mais toujours les Compagnies font vérifier
« les études, examiner si les tracés sont les meilleurs au triple point
« de vue que nous vous avons signalé.

« Celui d'entre nous qui vous écrivait ajoutait que les études devaient
« être revues, contrôlées, discutées par vos Ingénieurs et en dernier lieu
« par vous-même. Et à ce propos, il vous montrait la nécessité de réorganiser le
« service des Ingénieurs.

« Vous lui avez répondu par votre lettre du 27 Mars, que vous étiez
« surpris, bouleversé même par cette demande de révision des études, à ce point que
« vous pensiez que ce ne serait qu'un moyen de gagner du temps, et vous demandiez
« une explication à cet égard.

« Nous vous répondons, Cher Directeur, que votre lettre nous surprend
« à notre tour.

« Voyons, à la ligne de l'Est, avez-vous jamais fait accepter
« un tracé et des profils sur un simple dessin d'un ingénieur agissant
« isolément ?

« Croyez-vous qu'une Compagnie quand elle a voulu faire
« accepter au Gouvernement français des études quelconques se soit
« borné à lui envoyer un plan ?

« Vous savez mieux que nous que les différences et les variantes
« de tracé préoccupent toujours extrêmement les compagnies et le
« Gouvernement ?

« Pourquoi n'en serait-il pas de même pour nous. Nous n'entendons
« pas faire une fantasia quelconque mais suivre les tracés communes.

« Il n'y a donc rien d'extraordinaire dans la lettre qui vous avait été adressée,

« et on ne pourrait que s'étonner qu'elle eut été nécessaire.

« Il faut donc, Cher Directeur, que section par section, on reprenne les « études, qu'on les contrôle, qu'on examine les autres tracés possibles.

« Il faut que des rapports à l'appui viennent justifier les études telles « qu'elles existent au triple point de vue des travaux de la traction et du « trafic, ou si des modifications sont proposées, si des variantes paraissent « préférables, il faut qu'elles soient justifiées et expliquées.

« Comment procéderez-vous ?

« Là peut-être la question.

« Elle n'existe pas pour nous, parceque le nécessaire doit être « fait et que nous ne ferons jamais d'économie au préjudice des « intérêts de la Société.

« Vous avez tout votre personnel d'Ingénieurs qui ne fait rien, qui « ne surveille rien, ou presque rien, qui se promène un peu trop. Voici « plusieurs mois qu'il aurait pu être employé utilement à cette « révision des études.

« C'est pour cela que nous vous indiquons une réorganisation du service des « Ingénieurs, et nous ne saurions à cet égard mieux faire que de nous en référer à la « précédente lettre qui vous a été écrite sur ce point important.

« En se hâtant, en faisant aider les Ingénieurs français par des « Ingénieurs du pays et même par les Ingénieurs du gouvernement, comme « cela se pratique en France, vous arriverez à réparer le temps perdu et à « nous donner de bonnes études que nous pourrons examiner et discuter.

« La dépense ne sera que légère et les résultats peuvent être immenses.

« Mais pour cela il faut que les Ingénieurs de section travaillent « activement et soient constamment sur la ligne ; il faut qu'ils soient « sans cesse surveillés par les Ingénieurs principaux, qui doivent « voir par eux-mêmes et ne pas se constituer seulement comme « Chefs de Bureau.

« Vous aurez enfin à examiner par vous-même et à « n'engager votre responsabilité et la nôtre que quand vous

« _aurez vu de vos propres yeux !_

« Vous regrettons, cher Directeur, la nécessité de cette lettre, mais vous
« la comprendrez en vous rappelant la responsabilité qui pèse sur nous. »

M. Collet-Meygret ne répliqua pas ; il accepta les reproches
sévères pour le passé, et les avertissements pour l'avenir qu'elle contenait.

Dans cette lettre, on rappelait à M. Collet-Meygret la responsabilité qui pesait sur lui et qui se résout aujourd'hui par la demande
reconventionnelle de la Société et dont il se trouve ainsi avoir été prévenu
dès le 3 Avril 1858.

Le 8 Avril 1858, on lui écrit :

. . . .

« Pour les études, _il faut en presser la révision_. Mais il vaut encore
« mieux _qu'elles soient bonnes et en être assurés._

« Nous croyons qu'il serait d'abord convenable de faire porter tout l'effort
« de la révision sur une section qui serait celle où les travaux seraient surtout nécessaires,
« c'est-à-dire _où il y aurait les plus forts terrassements ou les plus_
« _importants travaux d'art._

« Cette section devrait être prise entre Bologne et Pesaro.

Enfin comme le Conseil est entré en défiance de M. Collet-Meygret,
il lui envoie l'avis de deux Ingénieurs, dont l'un est Inspecteur général
des Ponts et Chaussées :

« 20 Avril 1858.

. . . .

« Vous vous adressons des extraits de deux nouveaux rapports qui nous
« ont été faits par des hommes éminents dans l'industrie des Chemins de fer
« sur la communication que nous leur avons faite des études de la ligne
« de Bologne à Ancône.

« Nous vous serions obligés de répondre aux diverses objections
« qu'ils relatent.

Extraits des avis.

« Extraits des avis...............

« 1er Extrait.

« Les renseignements fournis par les plans et profils en long que nous
« avons sous les yeux sont beaucoup trop succincts pour qu'il nous soit
« possible d'arrêter une opinion définitive sur les projets étudiés.

« Un plan d'ensemble, quelques profils en travers généraux du
« terrain et surtout un mémoire justificatif des dispositions
« proposées seraient indispensables pour apprécier ces
« dispositions peut-être parfaitement motivées.

« 2e Extrait.

« L'absence d'un mémoire justificatif est encore ici bien plus
« fâcheux que pour la section de Pesaro à Bologne.

« Les explications deviennent indispensables sur les questions
« suivantes :

« Quelle nécessité y a-t'il à placer la gare ou station d'Ancône dans
« la mer, ce qui oblige à faire des travaux définitifs considérables ?

« Comment s'établira la communication de la gare avec le port
« marchand qui n'est point figuré sur le plan ?

« Comment justifie-t-on les débouchés linéaires énormes donnés aux ponts
« d'Esino (250^m), de Cesano (270^m), de Metauro (320^m) ?

« Comment assure-t-on l'écoulement des eaux des plaines inondées aux abords
« de ces grands ponts ?

« En passant sous les cours d'eau, qui en grande partie sont en relief,
« pense-t-on que les nouveaux lits creusés jusqu'au niveau de la mer offriront
« un écoulement suffisant et ne s'altéreront pas ?.........

« 3e Extrait.

« Nous ne saurions trop le répéter, l'absence au dossier
« d'un mémoire justificatif nous expose à avancer des objections
« et à en écarter d'autres qui ne seraient pas sans importance...

On voit que le Conseil d'Administration n'oublie aucuns moyens
d'action pour arracher le Directeur-général à sa coupable négligence.

Le Conseil d'Administration avait obtenu la résiliation du traité Sarti ; comme condition de cette résiliation, il avait consenti un traité direct au S.r Prospérini pour l'exécution à forfait de la ligne d'Ancône au Pô.

Le 21 Avril 1858, l'Administrateur-délégué adresse au Directeur général le traité Prospérini et les annexes.

Puis il ajoute :

. . . .

« 3° La révision des études entre Bologne et Pesaro doit être
« conduite aussi activement que possible :
« 4° Celle entre Pesaro et Ancône doit être faite seulement après. »
On ne se lasse pas d'avertir, de presser M.rs Collet et Meygret.

Le 22 Avril 1858, nouvelle lettre :

« Nous ne saurions trop vous recommander ces études. S'il vous
« manque des instruments, faites-nous les demander. »

Le 29 Avril 1858 :

« Les derniers rapports de MM. La Rivière et Lepennec, qui relatent
« une démarche d'un Ingénieur du Gouvernement, faite à l'instigation du Commissaire
« général, doit vous prouver avec quelle prudence nous devons agir dans nos travaux.
« Il faut, et je ne saurais trop le répéter, procéder régulièrement.
« Il faut donc surtout pousser les études aux différents points
« où nous travaillons.
« Nous demandons à notre personnel un accroissement
« de zèle nécessité par les circonstances. »

Demander du zèle à M.rs Collet et Meygret ! . . . . . .

Savez-vous ce qu'il imagine au moment où il fallait déployer la plus grande activité, où tous ses efforts devaient être combinés pour accélérer les études, il part, sans autorisation du Conseil, pour faire un voyage de plaisir à Naples ; il emmène son ami M.r La Rivière, Ingénieur en Chef de la ligne de Rome à l'Adriatique, ne se préoccupant pas des dangers de la Société déterminés par ses fautes et ses retards. C'est ainsi que M. Collet et Meygret

en soucieux de son mandat.

La ligne de Rome à l'Adriatique n'était l'objet d'aucun traité à forfait ; en conséquence elle pouvait être exécutée directement en régie par la Société ou être donnée sur série de prix. Dès lors, les études de cette partie devaient être complètes ; elles devaient comprendre tous les projets de détails, les métrés, les détails et devis estimatifs, &c.

Les 17 et 20 Juin 1858, l'administrateur-délégué le rappelle à M. Collet-Meygret, qui devait le savoir mieux que personne, mais qui pouvait bien l'oublier pour s'éviter du travail.

« Il faut donc presser les études de cette partie, faire les plans parcellaires et
« exproprier régulièrement tout le terrain nécessaire.

« La résiliation du traité Sarti fait surgir de tous côtés des prétendants à la construction.

« Nous croyons nécessaire de vous indiquer la marche à suivre vis-à-vis de ceux qui se présentent.

« Vous devez accepter toutes les soumissions de travaux qui vous seront remises et nous les adresser.

« Pour votre gouverne, vous devez savoir que nous ne donnerons aucune portion des travaux
« de la ligne de Rome à l'Adriatique avant d'avoir des études complètes, définitives et
« des devis à l'appui, fournis par vous et entrant dans les plus
« grands détails.

« En conséquence, quand les divers prétendants pourront vous demander de leur
« communiquer des études et des renseignements :

« Vous devrez distinguer : « S'il s'agit des tunnels, vous devez communiquer
« les études et engager à vous adresser des soumissions :

« S'il s'agit du surplus des travaux, vous devrez ajourner jusqu'à
« ce que les études soient terminées et acceptées par le Conseil.

« Nous n'avons adopté aucun mode de concession de travaux et nous ne devons
« éloigner aucun concurrent. »

En X^{bre} 1858, M. Collet-Meygret n'avait rien fait préparer de tous ces projets de détails.

Le 29 Juillet 1858, nouvelle insistance :

. . . .

« Nous vous prions de vouloir bien hâter l'envoi des études définitives
« de la ligne de Bologne à Ancône.

« Nous vous prions également de vouloir bien nous adresser celles

« de la ligne de Rome à l'Adriatique qui ont été remises au Gouvernement.

« Nous serions heureux de connaître l'état d'avancement du « surplus des études de cette dernière ligne. »

Plusieurs mois s'écoulent.

M. Coller-Meygret envoie enfin des études de Rome à Monte-Orso.

C'est une partie de ces études qu'il avait remises au début de l'année et qui lui avaient été renvoyées parcequ'elles étaient détestables.

On voit qu'il avait eu le temps de les faire réviser.

Ces études s'appliquaient à une petite partie de la ligne de Rome à l'Adriatique, en conséquence, elles étaient de celles pour lesquelles la lettre du 20 Mai 1858 avait demandé *tous les projets de détails*.

Néanmoins, M. Coller-Meygret toujours désobéissant aux ordres du Conseil, n'envoya qu'un plan entracé avec profil en long.

Ces projets furent communiqués par le Conseil à l'homme éminent dans le Corps des Ponts-et-Chaussée qui l'assistait.

Il fut indiqué :

Et c'est, pour-ainsi-dire, sous sa dictée que fut écrite le 5 octobre 1858 la lettre suivante :

. . . .

« Nous avons reçu votre dépêche, 18 Août dernier, n° 386 relative au « projet de la section de Rome à Monte-Orso et contenant le plan, le profil et le « devis descriptif du tracé que vous nous proposez.

« Nous regrettons que ces documents qui ne portent ni date, ni « signature ; ne soient pas accompagnés d'un détail estimatif et « qu'ils ne fassent point ressortir les travaux déjà exécutés sur cette « section par le sieur Sarti.

« Nous réservons donc notre avis sur le tracé définitif de la ligne de Rome « à Monte-Orso, jusqu'à ce que vous ayez soumis un nouveau projet « établi sur les bases suivantes :

« 1° La partie du Chemin de fer à exécuter ne partira que du 2ᵉ kilom. « à la Strada de Malabarba, laissant ainsi à un examen ultérieur toute

« la partie comprise entre ce point et les Thermes de Titus, afin de
« réserver entièrement la question.

« 2° Indiquer sur le nouveau profil en long, par une ligne bleue pleine, la ligne
« des plus hautes eaux du Tibre.

« 3° Accompagner le nouveau profil en long d'un nombre suffisant
« de profils en travers pour faire connaître la forme transversale des
« terrains et pour établir exactement le calcul des terrassements.

« 4° Diviser la section de Rome à Monte-Orso en deux parties, l'une de
« Malabarba à Monte-Rotondo, l'autre de ce dernier point à Monte-Orso.

« 5° Dresser un devis, un métré, une série de prix, et un détail estimatif pour
« chacune de ces parties.

« 6° Les souterrains seront indiqués pour deux voies et les terrassements
« pour une seule voie ; les ouvrages d'art, soit pour une, soit pour deux voies.

« 7° Les souterrains auront 7ᵐ 40 de largeur entre les pieds droits et
« 6ᵐ de hauteur sous clef.

« Nous vous prions de vouloir bien nous adresser ce
« nouveau travail dans le plus bref délai possible. »

. . . .

Pour les souterrains du Balduini et du Fossato, M. Collet-Meygret
n'adressait également aucun projet de détail ou autre, et cependant il proposait
de l'adjuger à un sieur Gallina. On dut lui écrire également à ce sujet
le 5 8ᵇʳᵉ 1858.

« Le projet de marché avec M. Gallina n'est pas suffisamment avantageux
« pour la Société ; nous avons résolu de suspendre toute solution, et pour ne point
« interrompre les travaux, nous laisserons subsister l'état de choses actuel, jusqu'à
« ce que nous ayons reçu de vous des renseignements nous permettant de prendre
« une décision qui fasse cesser la marche provisoirement adoptée.

« En conséquence, nous vous prions de nous adresser, dans le plus bref
« délai possible, un projet régulier suivant les formes adoptées par les
« Ponts et Chaussées pour l'exécution des souterrains du Balduini et du
« Fossato, c'est-à-dire qu'en outre de votre avis motivé en un rapport

« sur la question, vous devez nous fournir les plans, coupes, devis,
« métrés, bordereaux de prix et de détails estimatifs à l'appui
« de votre projet. »

. . . .

Enfin, relativement à la section de Bologne à Ancône, on lui
écrit le même jour :

« Nous vous avons déjà prévenu que l'intention du Comité
« de Direction était d'activer les travaux de construction sur la ligne
« d'Ancône à Bologne, de manière à pouvoir livrer cette ligne à
« l'exploitation dans le plus bref délai.

« En conséquence, vous aurez à presser auprès du Gouvernement l'approbation
« des études, et vous tâcherez même d'obtenir cette approbation section par section, afin
« de pouvoir développer les travaux au fur et à mesure des approbations.

« Vous devrez, avant même que les approbations soient données, prendre
« toutes les mesures préalables qui vous permettront d'éviter toute perte de temps.

« Ainsi vous devrez faire présenter par l'entrepreneur tous les projets
« de ponts, travaux d'art, passages à niveaux, etc., et les soumettre à notre approbation.

« Vous les présenterez ensuite au Gouvernement. Vous aurez aussi à nous
« soumettre votre projet d'organisation des travaux, en ayant égard à ce que la
« Société ne soit pas mise inutilement ou prématurément en avance de fonds.

. . . .

« Et nous vous prions, enfin, de nous envoyer l'indication des dates
« auxquelles les études des diverses sections ont été remises au Gouvernement
« et un rapport sur les démarches qui ont dû être faites par vous pour
« obtenir la prompte approbation. »

20 Octobre, nouvelle lettre :

« Par notre lettre du 5 Octobre courant, N° 1613, nous vous avons prévenu
« que l'intention du Comité de Direction était d'activer les travaux de construction
« sur la ligne d'Ancône à Bologne, de manière à pouvoir livrer cette ligne
« à l'exploitation dans le plus bref délai.

« Nous ajoutions que les travaux devaient être développés au fur et à

« mesure des approbations des sections partielles, et que, afin d'éviter toute perte

« de temps, vous devriez prendre, dès à présent, toutes les mesures préalables,

« notamment en faisant présenter et arrêter les projets de détail.

« Cette lettre ne laissait donc subsister aucun doute : Nous voulons hâter

« la construction de la ligne entière de Bologne à Ancône, de manière à arriver à

« l'exploitation dans le plus bref délai, et nous voulons que vous arriviez à prendre

« toutes vos dispositions pour éviter toute perte de temps.

« Vous avons terminé en vous engageant à nous soumettre un projet

« d'organisation des travaux, d'après lequel aucune avance de fonds ne serait faite

« prématurément, et qui serait accompagné d'un tableau de dépenses mensuelles

« pendant la première année en fixant un maximum et un minimum.

« Pour satisfaire à notre demande, vous aviez donc à faire un travail qui

« établissait les points où les travaux devaient être attaqués ; dans quelques

« parties conduits avec rapidité ; en un mot, à proposer une organisation complète,

« basée sur l'intention de la Société d'arriver dans le plus bref délai à la mise en état d'exploitation.

« Et notre grand étonnement, vous nous répondez dans votre lettre du 15 Octobre

« 1858, N° 968, en ces termes :

« Par votre lettre du 5 Octobre N° 1613, vous me demandez un

« projet d'organisation des travaux. Il m'est assez difficile de satisfaire à

« cette demande sans savoir quelle est la somme annuelle que vous devriez

« assigner à chaque section ou partie de section.

« Évidemment notre lettre a été lue par vous trop rapidement.

« En la reprenant vous verrez que nous sommes prêts à dépenser tout ce

« qui sera nécessaire afin que nous prenions toutes nos mesures.

« Nous ajoutons que dans votre travail vous devez joindre les prévisions pour

« les époques auxquelles il sera nécessaire de fournir diverses parties du matériel

« fixe et roulant et les quotités de ce matériel.

« Nous vous avons adressé par un des derniers courriers nos observations

« sur les projets d'ouvrages d'art de 5 mètres et au-dessous. Nous attendons votre réponse.

« Vous ne sauriez trop hâter la présentation des projets de

« détails, qui devraient être prêts depuis longtemps.

« Néanmoins, comme la Société, en présence de l'approbation du tracé
« entre Bologne et Forli, ne saurait rester sans travailler, vous devez, dès-à-
« présent, donner l'autorisation de reprendre quelques terrassements sur les sections
« approuvées.

« C'est là une satisfaction à donner à l'opinion publique, mais dont il
« faut être très sobre, car il est évident que ces travaux constitueront des avances
« prématurées, et que nous devons d'abord porter tous nos efforts sur les ouvrages
« qui seront les plus longs à exécuter. »

26 Octobre, nouvelle lettre :

« Par notre lettre N° 1615, nous vous avons indiqué les complé-
« ments d'études que vous devrez fournir pour la ligne de Rome à Orte.

« Nous ne saurions trop vous presser d'envoyer votre travail. »

M. Collet-Meygret qui, jusqu'à ce jour, n'a rien fait de sérieux,
n'a rien voulu faire, quand il se voit ainsi traqué dans sa mauvaise volonté,
répond qu'il n'a pas les moyens de satisfaire aux désirs du Conseil.

Cette lettre est communiquée à M. Poirée, Inspecteur général du
Corps des Ponts et Chaussées, et conseil de la Société, il en est indigné,
et lui-même demande à répondre au Directeur général.

Voici la lettre qu'il lui adresse le 30 Octobre 1858 :

« Le Comité m'a chargé de vous exprimer son étonnement de
« ce que vous vous plaignez de n'avoir pas les moyens suffisants pour
« dresser dans un bref délai les projets réguliers qui vous ont été demandés.
« Les membres du Comité ont pensé que vous aviez sous vos ordres deux Ingénieurs
« et trois Conducteurs du Corps des Ponts et Chaussées avec des auxiliaires
« intelligents ; que vous possédez déjà les plans, profils et métrés de terrassements
« qui vous ont été fournis par l'Ingénieur des études, et que vous pouviez dès
« lors facilement et en peu de temps fournir les projets réguliers
« de terrassements, d'abord de Rome à Monte-Rotondo, puis de Monte-
« Rotondo à Monte Orso.

« Je dois avouer que j'ai partagé cette opinion du Comité.
« Mais désirant simplifier, autant que possible, le surcroît de travail

« qui vous en demande, et quoique je sois persuadé que vous avez dans vos cartons

« des projets complets, je me fais un plaisir et un devoir de vous envoyer les pièces

« suivantes que vous pouvez, je crois, consulter avec avantage pour vous épargner du temps et des recherches.

« A¹   Desriszionne dei Savori e Capitolati   (Projet Guerin)

« B²   Computo metirco   do

« C³   Expropriazionni dei terreni   do.

« D⁴   Addizionale alle serie dei prezzi   (Prix Guerin)

« E⁵   do   do.

« G⁶   Dettaglio estimativo   do

« H⁷   Devis et Cahiers des charges   (Chemins de fer de l'Ouest)

« I⁸   Avan métré   do .

« K⁹   Analyse des prix   do

« L¹⁰   Détails estimatifs   do

M¹¹   Formule pour calculer une section de voûte comprise entre deux surfaces cylin-

driques, avec application au pont de 2ᵐ 00 de la feuille de dessin N° 12.

« N¹²   Dessin d'un pont de 2ᵐ 00 d'ouverture disposé d'après le programme

du 14 Octobre 1858.

« Je vous conseille, M. le Directeur, de prendre dans les pièces que je vous communique

« comme renseignements tous les extraits qui pourront convenir à vos localités, d'en former des modèles

« que vous ferez traduire et imprimer en Italien. C'est même pour faciliter ce dernier travail que

« je vous envoie le projet Guerin, qui m'a paru avoir été rédigé par un homme de l'art.

« Les formules de la feuille M¹¹ et leur application sont le centigrade du programme du

« 14 8bre. Je vous les donne pour que nous adoptions une méthode, une forme qui puisse vous dispenser de

« calculs quelquefois très compliqués et nous permette à Paris d'examiner plus

« facilement vos projets . »

Savez-vous ce que fait M. Collez Meygret ?

Voici un Conseil d'Administration qui lui paye 50,000 francs

par an, et qui lui demande un service bien modéré.

Il ne lui obéit pas.

Voici l'homme le plus honorable, le plus estimé, le chef hiérarchique

de M. Collez Meygret qui prend la plume pour lui adresser de vifs reproches.

et lui tracer son devoir.

M. Collet-Meygret devrait s'humilier, se décider enfin à obéir.

Il n'en est rien !

Il ne fait pas entrer la lettre de M. Poirée au registre d'entrée, ne remet pas aux Ingénieurs sous ses ordres les documents adressés et les jette dans un coin.

Nous avons pu nous assurer nous-même de ces faits.

Nous avons fait rechercher au registre d'entrée et dans les archives de la Société.

La lettre ne figurait nulle part.

Ainsi, M. Collet-Meygret s'est permis de faire disparaître un document administratif.

Comment apprécier cette conduite !

Il n'a pas exécuté les ordres de ses supérieurs, car il devait remettre ces documents à ses ingénieurs.

Il ne les a pas donnés.

Nous en sommes certains, nous les avons interrogés.

Qu'il prouve d'ailleurs le contraire.

La conséquence, c'est que trois mois après rien n'était fait du travail si impérieusement exigé par le Conseil d'Administration et M. Poirée.

M. Collet-Meygret a exactement touché les 50,000 francs par an stipulés dans son traité.

Il invoque d'autres avantages qu'il prétend puiser dans ce même traité.

A-t-il oublié ces stipulations principales et essentielles du traité :

« M. Collet-Meygret s'engage à diriger exclusivement la construction
« des chemins sus-nommés, en se conformant sur toutes choses aux
« instructions du Conseil d'Administration.

« Art. 6e

« .... le Conseil d'Administration n'aliène aucun de
« ses droits relatifs à la direction complète de l'affaire, et notam-
« ment ceux d'indiquer le mode ou le système de construction, de choisir les
« entrepreneurs de la construction et de l'armement et de stipuler
« avec eux les conditions et charges qui lui conviendront, et, ultérieurement

« aux traités, ceux d'aviser comme le Conseil l'entendra sur l'exécution. »

Que dire après cela ?

On connaît maintenant M. Collet-Meygret et sa manière d'agir.

La correspondance qui suit ne pourra rien y changer.

Le 12 Novembre 1858, on lui écrit :

« Nous voyons que M. Prospérini apporte la plus grande lenteur à « fournir ses divers projets.

« Il faut lui écrire que s'il tarde encore, vous allez, usant des prescriptions « du Cahier des charges, y faire procéder à ses frais.

« Puis, s'il ne se hâte de satisfaire à votre demande, vous devez lui faire « une signification ou mise en demeure.

« En même temps, vos ingénieurs procéderont à l'expédition de ces projets.

« Nous voulons faire marcher rapidement les travaux. »

On lui demande de faire une signification à M. Prospérini ; c'est bien inutile. M. Collet-Meygret ne fait de signification qu'à la Compagnie qui lui paie 50,000 francs par an.

Le 19 Novembre 1858, on lui écrit :

« L'opinion publique s'émeut dans les États Pontificaux des longs « délais qu'exige la rédaction de nos études et de nos projets de détail. On se « plaint amèrement de ne pas voir travailler sérieusement entre « Rome et Bologne.

« Nous ne saurions prolonger sans danger cette situation.

« Le Comité de direction s'adresse donc à vous pour faire un « appel au zèle, au dévouement de tout notre personnel. Jusqu'à « ce jour on a fait peu d'efforts ; le moment est arrivé de réparer le temps perdu.

« Il faut donc, que sans interrompre les travaux commencés, sans « arrêter les travaux que nous avons prescrits, notre personnel soit dirigé de manière « à produire les résultats nécessaires. Il en résultera un surcroît de « travail, quelques nuits passées, mais en présence de l'urgence des « solutions, il n'y a pas à hésiter.

« La section de Bologne à Forli doit d'abord attirer notre attention.

« Nous avons l'approbation du tracé de cette section.

« Il faut en profiter pour préparer immédiatement les expropriations des
« parcelles qui nous seront d'abord nécessaires et de celles pour lesquelles nous avons fait des dépôts.

« Il faut en même temps presser, hâter les projets de détail, en
« conséquence de nos précédentes instructions ; vous avez dû faire constater
« la mauvaise volonté de l'Entrepreneur Prospérini et faire courir contre
« lui les délais d'exécution de sa construction.

« Dès lors, votre personnel doit se mettre lui-même à la préparation
« des projets de détail, ce qui doit demander peu de temps, en raison des Études
« qui doivent être faites depuis longtemps. Le type des ouvrages de
« 5 mètres et au-dessous doit être maintenant arrêté par vous. Vous avez
« dû également l'imposer à l'Entrepreneur. Vous nous annoncez depuis
« plusieurs semaines la présentation prochaine des projets des ouvrages
« d'art de 5 à 10 mètres. »

Le 20 Novembre 1858 :

« Comme toute notre correspondance en est la preuve, nous tenons
« essentiellement à ce que les études et les travaux marchent
« avec rapidité.

« Si votre personnel, comme conducteurs, chefs de Section, est
« insuffisant, veuillez nous en informer, et nous préciser le nombre
« de conducteurs qui vous seraient nécessaires. »

Ces lettres restent sans réponse, sans résultat.

Il fallait cependant une solution.

La rébellion était évidente.

La tolérer plus longtemps eût été se compromettre.

On ne peut reprocher au Conseil de n'avoir pas mis
la plus grande longanimité vis-à-vis de M. Collet-Meygret ;
on ne pourrait lui reprocher que le contraire.

Vainement depuis dix-huit mois le Conseil
réclamait des études.

On n'était arrivé à aucun résultat.

C'était intolérable.

Plusieurs Membres du Conseil d'Administration se rendirent à Rome pour examiner la conduite de M. Coller-Meygret et prendre un parti à son égard.

Nous verrons comment ils furent reçus par leur subordonné.

Mais que dès à présent, il soit bien constaté qu'à peine arrivés, sous leur direction, et surtout avec l'aide de la Commission technique appelée à Rome et à Bologne pour aider l'Administration de ses conseils et suppléer à l'insuffisance coupable de M. Coller-Meygret, ce que M. Coller-Meygret n'avait pu faire en dix-huit mois fut fait en quelques semaines.

Ainsi :

La totalité des études de la ligne de Rome à l'Adriatique fut arrêtée, revue, et toutes ces études sont actuellement entre les mains du Gouvernement.

Les formules des devis, métrés, détails estimatifs, dont rien n'était fait, furent arrêtées.

Les devis, métrés et détails furent dressés pour une partie de cette section.

On est arrivé à ces résultats avec un personnel dévoué à M. Coller-Meygret, excité à la rébellion par lui, et qui ne travaillait que contraint et forcé par une surveillance constante des Administrateurs.

Combien ces résultats eussent été plus facilement obtenus dans des conditions ordinaires !

Nous devons donc conclure de tout ce qui précède :

Que M. Coller-Meygret a compromis gravement les intérêts de la Société, en lui faisant manquer aux clauses principales du Cahier des charges de la Concession; par le défaut d'études; et l'a exposée volontairement à des menaces de déchéances;

Qu'il a rendu impossible par cette négligence volontaire l'exécution en cinq années prévue par son contrat, et fait disparaître ainsi pour lui tout le bénéfice des primes stipulées;

Qu'en agissant ainsi, M. Collet-Meygret a forfait à son devoir, qu'il a désobéi aux ordres impératifs et si souvent répétés du Conseil d'Administration;

Qu'il a poussé la rébellion jusqu'à faire disparaître la lettre que lui écrivait M. Poirée, au nom du Conseil, et n'en a pas tenu compte.

Ce grief serait suffisant à lui seul pour avoir déterminé la révocation de M. Collet-Meygret, car, s'il en était autrement, il faudrait établir que le Conseil d'Administration n'avait plus entre les mains les moyens de sauvegarder les intérêts de la société.

Le Conseil, en révoquant M. Collet-Meygret, a donc eu raison, et les arbitres le déclareront avec d'autant plus de fermeté qu'il faut une réponse aux attaques que M. Collet-Meygret se permet en tous lieux contre la Société.

Il dit et déclare que la Société ne voulait ni études ni travaux.

Il attaque odieusement les Administrateurs et les Ingénieurs qui ont réparé ses fautes.

Quelle audace, et comme elle exige une répression judiciaire!

Les arbitres qui auront pu apprécier le mobile des attaques de M. Collet-Meygret ont la mission d'y pourvoir en accordant les dommages-intérêts réclamés par la Société.

§. 3

Travaux pratiqués par le S.ʳ Sarti.

Nous avons vu qu'un traité à forfait avait concédé les 26 Août et 12 9ᵇʳᵉ 1857, au S.ʳ Sarti et au Crédit Mobilier Toscan, la construction et l'armement de la ligne de Rome au Pô.

Le Conseil d'Administration avait eu le soin de stipuler au cahier des charges la direction complète de la Société pour les travaux de cette entreprise, et la clause formelle que l'Entrepreneur devrait commencer par les travaux les plus difficiles et les plus longs.

Ainsi, il était dit, Article 47 :

« Il est cependant expressément stipulé :

« 1 Que les travaux et les fournitures d'une section devront être organisés de « manière à ce qu'il ne soit pas fait de portions de travaux sans utilité et qu'on ne « constitue pas la Société dans des avances prématurées.

« Art. 49.

« Les travaux de la ligne de Rome à Ancône devront commencer d'abord « par les tunnels. Ils ne commenceront sur le surplus de la ligne qu'avec le consen- « tement de la Compagnie et quand le percement des tunnels sera arrivé à « un degré d'avancement tel qu'ils seront en état d'être achevés simultanément « avec les autres travaux de la ligne. »

Malheureusement la rédaction de la série conventionnelle applicable au paiement de cette entreprise avait été confiée à M. Colles Meygret.

Or, voici les deux clauses que M.ʳ Colles Meygret avait précédemment imaginé d'y insérer :

« Chaque Kilomètre de travaux devait être payé au minimum 10.000 fr.

« Les ouvrages d'art de 1 à 10 mètres indifféremment 5.000ᶠ chaque.

Si M. Colles Meygret eut usé des droits que lui laissaient les articles 47 et 49, cette faute eut été sans inconvénients ; en effet, il eut ordonné à l'Entrepreneur de ne travailler qu'aux parties difficiles, de longue haleine et sur lesquelles la série conventionnelle ne donnait pas des bénéfices considérables.

C'était la conduite que devait tenir une Direction prudente et —

soigneuse des intérêts qui lui étaient confiés.

Mais M. Collet Meygret n'en fit rien.

Il laissa Mr Sarti organiser les chantiers et les travaux comme bon lui semblait ; il laissa commencer les travaux sans études, sans expropriations, sans contrôle.

Aucun acte de sa part ne réprima les écarts de l'Entrepreneur. Or celui-ci qui était un homme habile et hardi profita de la négligence de M. Collet Meygret.

Entre Rome et l'Adriatique, il attaqua les terrassements sans importance, les travaux d'art d'un mètre à 2 mètres.

Entre Bologne et Ancône, il fit de même.

C'était, si on se reporte aux deux articles de la série conventionnelle que nous citions, se ménager immédiatement tous les bénéfices de l'entreprise et réserver tous les travaux ingrats.

M. Sarti avait également obtenu de M. Collet Meygret, dans la série conventionnelle la fixation des souterrains des Apennins à 9.900.000 f. pour une seule voie. Ces souterrains ne doivent coûter à 2 voies que 4 millions ; il attaqua les souterrains.

Puis quand il y eut des travaux pour une somme importante, M. Sarti vint avouer au Conseil que l'organisation de son entreprise était telle qu'elle ne pouvait se poursuivre.

La Société fut obligée de demander la résiliation, et dès lors les travaux opérés durent être payés sur la série conventionnelle arrêtée par M. Collet Meygret.

M. Sarti n'avait fait que les terrassements des kilomètres ne présentant pas pour ainsi dire de mouvements de terrains.

Il fallut les payer comme l'auraient été ceux où existaient les difficultés de terrains.

M. Sarti n'avait attaqué que les ouvrages d'art de 1 à 2 mètres ; il avait laissé de côté tous les ouvrages de dimensions supérieures.

Il fallait payer ces ouvrages d'art à raison de 5,000 f. chaque.

Cela étaient les résultats de la Direction de M. Collet Meygret.

En ne surveillant pas les travaux de Sarti et en rédigeant la série conventionnelle, il arriva à faire payer à la société plusieurs centaines de mille francs en plus de ce qu'elle aurait dû légitimement payer.

On voit que les fautes lourdes qui se sont manifestées pour les études existent également pour les travaux, et quels résultats désastreux elles ont eus pour la société.

§ 4.
Règlement des Travaux opérés.
par M. Sarti.

M. Collet Meygret ayant commis cette double faute d'avoir mal rédigé la série conventionnelle et d'avoir abandonné à la discrétion de M Sarti la distribution des travaux, devait chercher à la réparer partiellement en discutant le règlement des travaux opérés et en le ramenant à de justes proportions.

Les instructions les plus formelles, les plus pressantes, lui avaient été données par le Conseil d'Administration.

M. Collet Meygret n'en fit rien

Il apporta dans la discussion de ce règlement la plus grande insouciance et ne se fit pas même assister par le Chef du Contentieux.

La sentence fut rendue pour les travaux pratiqués entre Rome et Monte-Rotondo.

Mais avant qu'il ne fût statué également pour les travaux des tunnels des Apennins, deux membres du Conseil d'Administration étaient arrivés à Rome, avaient instruit l'affaire, discuté les chiffres de M Sarti, fourni leurs notes et observations. — En rendant compte de la sentence du règlement qui intervint pour cette partie des travaux, M. Collet Meygret avouait lui même la faute qu'il avait commise, car il écrivait « Cette décision est très bonne et répare en partie le mal fait dans l'affaire Sarti ».

Il faut confesser que M. Collet Meygret était un Directeur Général coûtant cher à la Société; en sus de ses appointements de 50.000 f par an, si on l'avait laissé continuer, où serait on arrivé ?

§ 5

Faute inouïe commise par M. Collet-Meygret sur la ligne d'Ancône à Bologne.

Le plus simple devoir d'un Directeur de travaux, c'est de ne laisser pratiquer les expropriations et établir les chantiers que sur le tracé de la ligne. Énoncer une proposition si évidente, paraît être énoncer une naïveté.

Surtout quand on se rappelle la correspondance envoyée par le Conseil d'Administration au Directeur général, correspondance par laquelle on lui rappelle sans cesse qu'il doit contrôler, vérifier.

Eh bien ! M. Collet-Meygret a trouvé le moyen de commettre cette faute impossible.

Tandis que le tracé de Bologne à Ancône était parfaitement arrêté en plan, que les profils en long étaient arrêtés, que les points de repères étaient fournis, M. Collet-Meygret a trouvé le moyen de laisser pratiquer les travaux, par M.M. Sarti et Prospérini, sur des parcours différents en plusieurs points de celui indiqué par le tracé des Études.

Il a lui-même approuvé les situations de travaux pratiqués en dehors du tracé et par conséquent étrangers au Chemin de fer.

Cette faute inouïe a été ignorée du Conseil jusqu'à une époque toute récente. M. Collet-Meygret lui-même ne s'en est jamais aperçu.

Il l'a prolongée par conséquent d'une façon déplorable.

Ainsi, M. Prospérini ayant transmis à M.M. Briau et Cie son entreprise de la construction des chemins d'Ancône au Pô, ces nouveaux entrepreneurs ont demandé à la Cie de vouloir bien, en conformité d'une clause de son traité, déposer dans les Caisses du Gouvernement les prix des terrains nécessaires à l'établissement du Chemin.

Les débours des dépôts n'ont dû être faits que sur la proposition du Directeur général, visant les dépôts et les indications des terrains auxquels s'appliquaient ces dépôts.

La société a ainsi déposé près d'un Million de francs.

Eh bien ! la faute commise pour les travaux a été renouvelée dans cette nouvelle circonstance.

Les expropriations ont été faites sur des terrains qui n'étaient pas situés sur le tracé.

Les dépôts ont été faits sur la proposition et sur le visa de M. Collet Meygret pour ces terrains étrangers au chemin.

Il a fallu l'arrivée à Bologne d'un ingénieur spécialement attaché au Conseil d'Administration pour que cette faute fût révélée.

Aussitôt un vérificateur spécial a été envoyé à Bologne, il a procédé au relevé du tracé, et voici comment deux rapports de M. Lagout, ingénieur placé sous la direction de M. Collet Meygret, établissent le fait inqualifiable dont toute la responsabilité pèse sur M. Collet Meygret :

« Extrait du rapport du 26 Avril, Tracé de la Ligne.

« Le jalonnage de la grande Ligne droite, qui a 55 Kilomètres entre Forlimpapoli et les abords de Bologne, vient d'être effectué par M. Leblond, assisté « des agents de la Compagnie.

« Cette opération a fait surgir un premier fait grave, c'est que « les terrassements de Forli, effectués sur 10 Kilomètres environ, sont « dans une direction incompatible avec celle d'une ligne se dirigeant sur « Bologne ; l'écart est dix mètres 50ᶜ entre les deux points extrêmes des « terrassements effectués. Il ne faudrait pas songer à exécuter sur le « terrain le tracé approuvé par le gouvernement, Car alors il faudrait « abandonner ces terrassements en majeure partie, ce qui ferait un effet « désastreux sur l'opinion publique au dire même de l'ingénieur en chef « pontifical de Forli. On voit donc que nous sommes dans une situation pire « que si M. M. Prospérini et Sarti, entrepreneurs évincés, n'avaient « effectué aucun travail depuis dix-huit mois qu'ils étaient installés « ce qui justifie malheureusement les fâcheuses prévisions réitérées si « souvent dans nos lettres et rapports.

« Acquisitions de terrains.

« Il s'est révélé cette semaine un fait bien plus grave en« core que nous n'ayons pu l'imaginer dans nos lettres du 28 Avril 1858.

« à MM. les administrateurs, et des 18 février et du 12 Mars 1859
« à M. le Directeur général.

« Il s'est trouvé que des propriétés contiguës ont été expropriées non
« sur deux zones en prolongement l'une de l'autre, mais sur deux zones
« parallèles et distantes partant chacune de la limite
« commune aux deux propriétés. On voit qu'il n'y a pas
« de raccordement possible et que rien n'empêche d'annuler
« une des deux expropriations si elles ne doivent pas
« l'être toutes les deux à la fois. Signé : (Lagout). »

Extrait du rapport du 4 Mai :
« Tracé de la Ligne.

« On vient de terminer le jalonnage de la grande ligne jusqu'à Césena.
« Cette opération nous a fait connaître que l'écart signalé par notre
« rapport hebdomadaire précédent est arrivé à l'extrémité de cette ligne jus-
« qu'à 33 mètres.

« Ainsi, le projet approuvé par le Gouvernement d'une ligne droite de 70
« Kilomètres, entre Bologne et Césena, doit être abandonné à moins de sacrifier
« les terrassements exécutés à Forli et les expropriations faites.
« C'est pour cela que M. l'Inspecteur général Loriée nous a donné, avant de
« partir, l'ordre écrit ci-après, auquel nous nous sommes mis en mesure
« immédiatement de nous conformer.

Signé : (Lagout). »

Que dire après cela de la manière dont M. Collet Meygret a rempli
son mandat ; il nous semble que nous avons prouvé, des fautes
tellement énormes que la discussion n'est plus possible.

Jamais Directeur général n'a à ce point méconnu ses devoirs,
et certes ce n'est point une simple révocation qui peut suffire pour réprimer
de pareils manquements aux devoirs d'un mandat rétribué par une
somme annuelle de 50.000 fr.

Ajoutons que la faute de M. Collet Meygret est d'autant

plus grande que M. Lagour, Ingénieur principal, placé sous ses ordres,
l'avait mis en demeure de l'éviter. En effet, le 16 Juin, il écrivait au Directeur
général :

« Bologne, 16 Juin 1858.

« J'ai l'honneur de vous proposer d'écrire à l'Entrepreneur pour l'inviter
« à faire rétablir les piquets de la ligne et à se préparer à établir à
« la hauteur de la voie des Capi stabili (repères) en maçonnerie sur
« tous les 500 mètres, ainsi qu'aux changements de pentes et de direction.
« MM. les Ingénieurs de la ligne se plaignent de perdre beaucoup de temps à
« reconnaître la ligne faute d'indications précises. »

signé : (Lagour). »

Cette lettre ne causait aucune émotion à M. Collet Meygret ni
provoquait de sa part aucune mesure, aucune réponse.

Le 4 Juillet, il écrivait :

« A l'appui de la demande que j'ai eu l'honneur de vous adresser pour
« inviter l'Entrepreneur à tracer la ligne du projet sur le terrain, j'ai l'honneur
« de vous donner ci-après l'extrait ci-joint d'une lettre de M. Rivierre
« qui est une des conséquences que j'ai dû signaler de l'organisation de l'Entreprise.
« Il est bien certain que si j'avais eu entre les mains
« les plans profils exacts des projets et que le piquetage du
« terrain en existé, cela aurait considérablement simplifié ma tâche, mais les
« quelques fragments de pièces que j'ai par devers moi ne concordent nullement
« avec les lieux qu'ils sont censés représenter, et les quelques piquets que j'ai
« trouvés sur la ligne ont tous, après de nombreuses vérifications, été recon-
« nus faux, en sorte, qu'au lieu d'abréger le travail tout ceci n'a servi qu'à
« le compliquer davantage, au point que si j'avais été autorisé à prendre des
« ouvriers pour chaîner et porter la mire et à faire les autres dépenses en
« balises, piquets, bornes, repères, etc., nécessités par un nouveau tracé, j'aurais
« infiniment mieux aimé refaire ce travail entièrement que de patauger
« dans cet imbroglio comme je le fais depuis le commencement ; je crois en
« définitive que le temps que j'aurais mis à faire cette opération que je réclame

« en vain depuis mon arrivée à M. Bauderali aurait été bien moins
« long que celui que je perds chaque fois que j'ai besoin de me répérer sur quelques
« points de la ligne.

Signé : (Lagous—). »

Qu'a répondu M. Coller Meygret ?

Quelles mesures a-t-il prises ?

Rien ! Rien !

C'est postérieurement qu'il a fait procéder aux expropriations et fait déposer le prix des terrains qui ne se trouvaient pas sur la ligne, et il l'a fait alors que son attention était éveillée.

Il n'y a pas d'exemples d'une pareille insouciance !

§. 6.
Ligne de Rome à Civita-Vecchia.

1° Malfaçon dans les travaux et les ouvrages d'art.

Nous venons de voir combien M. Coller Meygret avait négligé ses devoirs et son mandat sur la ligne de Rome au Pô, nous allons trouver les mêmes fautes sur la ligne de Civita-Vecchia à Rome. M. Coller Meygret n'a pu même prendre sur lui d'exercer une surveillance réelle sur des travaux qui se faisaient à la porte de Rome :

Ces travaux sont mauvais :

Comme travaux de terrassement ;

Comme travaux d'art ;

Comme ballast ;

Comme travaux aux bâtiments des gares, stations et maisons de garde.

Les terrassements de remblais ne sont pas faits par couches horizontales, même sur les plus grandes hauteurs ; ils n'ont pas les dimensions prescrites par le traité à forfait ; les talus ne sont pas faits en même temps que le corps du remblais, ce qui occasionne des tassements inégaux ; malgré les prescriptions contraires, on y a laissé introduire de grandes quantités d'argiles fluentes.

Les talus des déblais n'ont pas l'inclinaison suffisante pour leur stabilité ; les fossés n'ont pas la largeur suffisante ; on a laissé des parties menaçantes pour la circulation.

Les travaux de consolidation des talus n'ont pas été indiqués par le Directeur, ni construits par l'entrepreneur.

Les travaux d'art ont tous des dimensions insuffisantes ; les maçonneries ne renferment pas les quantités de mortier nécessaires ; toutes les voûtes sans exception ont été lézardées ; dans un grand nombre de cas, les têtes se sont séparées du corps des ouvrages ; plusieurs petits ponts ont été emportés.

Les ouvrages d'art nécessaires à l'écoulement n'ont pas même été prescrits en exécution par le Directeur.

Les travaux de défense de la Magliana indiqués par le projet Guérin, imposé à l'entrepreneur, ont été induement supprimés.

L'aspect général de tous les ouvrages est misérable et affligeant, surtout quand on les compare aux travaux pratiqués par le génie militaire Français sur le Chemin de fer lui-même pour la nouvelle enceinte de Civita-Vecchia.

Le ballast qui se trouve aux abords de Civita-Vecchia a été l'objet de critiques très-sévères, de même que les terrassements et les travaux d'art, de la part des Ingénieurs du Gouvernement pontifical ; on a en effet laissé employer des galets d'une dimension énorme ou des débris de démolition de la ville et du port aussi impossibles par leur forme que par leur qualité.

Les travaux des bâtiments des gares et stations renferment des matériaux de mauvaise qualité, qui n'ont pas les dimensions prescrites, &c. Les bois de charpente ont été refusés par les Ingénieurs du Gouvernement dans plusieurs bâtiments. Les murs de pignons, pour la plupart, ou sont tombés ou ont été démolis, ou ont nécessité l'emploi d'armatures en fer d'un prix excessivement élevé afin d'éviter leur chute ; les fondations ont été mal assises, les épaisseurs des murs mal calculées ; aussi ces travaux ont-ils été condamnés par le Gouvernement pontifical et jugés insuffisants.

Voici les différents rapports qu'ils ont déterminés :

Commissariat Général
des Chemins de fer des
États Pontificaux.

A Monsieur le Baron de Pontalba, Administrateur
délégué de la Société Pio-Centrale.

Le 20 Mai 1859.

" Les graves dégradations survenues au Chemin de fer de Civita-Vecchia
" à la suite des récentes grandes pluies, qui en compromettent la viabilité et la
" sécurité, furent cause de la visite de MM. les Ingénieurs du Gouvernement
" Inspecteurs techniques, accomplie par l'ordre du Commissariat, pour constater le
" véritable état de choses et proposer des remèdes énergiques et nécessaires.

Le Commissaire Général
signé : M. Massimo.

" Notes des réparations et autres travaux à exécuter
" d'urgence au Chemin de fer de Rome à Civita-Vecchia.

" 1.ᵉ Rehausser la plate-forme du chemin de fer, reconnue trop basse entre les
" Kilomètres 16 & 18, 26, 28, 29 & 31, 35 & 36, entre la première bruyère
" de Cerveteri et le pont sur le fossé Vaccino et dans les plaines de S. Severa.
" Présenter sans délai au Commissaire le profil de nivellement, pour qu'il prenne,
" d'accord avec la Société, les mesures nécessaires

" 2.º Rétablir à son premier niveau la plate-forme du Chemin du Mont
" delle Piche, réparant les affaissements, les éboulements et les profonds
" ravines qui sont survenus, exécuter au pied de ces amas de terre un fort travail
" de frons en bois, qui serve à le garantir des effets des hautes crues du Tibre
" Tout ceci prescrit provisoirement, laissant la Société adopter ensuite les
" travaux définitifs nécessaires au Chemin de fer.

" 3° Ouvrir immédiatement à la circulation la voie sur le
" Chemin du Mont delle Piche, avant la réparation des affaissements qui
" sont dans le petit chemin, et vérifier la pose le long de la voie.

" 4° Commencer de suite à réparer les mouvements qui se manifestent dans
" quelques murs du passage en dessous de Pozzo Pantaleo, conformément aux

" dispositions convenues avec les Ingénieurs du Commissariat.

signé : F. Giorgi.

Commissariat Général
des Chemins de fer
des États Pontificaux.

25 Octobre 1858

A Monsieur le Conte Antonelli Vice-Président du
Conseil d'Administration de la Société Pio-Central.

Monsieur,

" L'Inspecteur Général technique de ce commissariat a accepté
" de faire une tournée sur la ligne du Chemin de fer en construction de
" Rome à Civita-Vecchia et a dressé un rapport pour la partie de
" la délégation de Civita-Vecchia.
" Il a dressé un rapport sur tous les travaux exécutés et
" il vous en est remis copie pourque votre société puisse en prendre
" connaissance et j'invite la société à donner une réponse émettant
" les mesures qu'elle prendra pour satisfaire aux réclamations de
" M. l'Inspecteur

Pour le Commissaire Général,
Le Représentant légal.

« Rapport fait sur les travaux du Chemin de fer de
« Rome à Civita-Vecchia pour la partie com-
« prise dans la délégation de Civita-Vecchia.

« D'après les instructions supérieures la visite au
« chemin de fer de Rome à Civita-Vecchia a eu pour
« objet les articles suivants :

« 1°.   De vérifier l'état des travaux afin de connaître si on peut les
« admettre comme réguliers par rapport au régime des eaux des campagnes
« supérieures, et s'ils sont conformes aux obligations de la Société, ainsi
« qu'aux plans approuvés du Gouvernement.

« 2°.   De reconnaître la nature et l'état des ouvrages faits; d'en signa-
« ler les conditions de solidité.

« 3°.   De donner un avis relatif aux réclamations encore pendantes sur
« les ouvrages pour lesquels il n'a pas été pris une définitive résolution.

« 4°.   D'observer si les ordonnances ministérielles ayant rapport à divers
« travaux ont été régulièrement suivies ; spécialement celles relatives à diver-
« ses modifications de la Route nationale Aurélia en tenant compte du
« Rapport de l'Inspecteur Zanardi

« 5°.   De déterminer et préciser l'époque que devront fixer les
« Ordonnances ministérielles relatives au raccordement des pentes pour
« les plateformes de Malpasso à Baccucco.

6°.   Enfin se rendre compte des questions relatives à la station de Civita-Vecchia.
Ce dernier article 6 sera le sujet d'un rapport séparé en ce qui concerne
les cinq autres articles. Nous allons, ci-après, consigner les faits qui nous ont frappé
lors de notre visite de la ligne en partant des confins de l'Agro Romano puis Galo jusqu'à Civita-Vecchia
et nous rendrons compte de nos observations sur tous les points qui ont donné lieu à quelques
remarques soit par suite de mal-façons, soit à cause des changements apportés dans l'établissement
des ouvrages d'art et dans les déviations des routes et des fossés, soit à l'égard des écoulements ménagés
des eaux supérieures et dont les défauts ont pu, jusqu'à ce jour se révéler; et tous

«en proposant dès à présent quelques améliorations que nous estimons nécessaires; nous n'exclurons pas celles que les circonstances ultérieures «et les pluies abondantes montreront comme indispensables tant il est difficile sans une nouvelle «enquête de calculer la quantité entière des eaux qui peuvent venir de la campagne se heurter contre «les travaux du Chemin de fer. Enfin nous dirons ce qui est commencé et incomplet ou «en voie d'un régulier achèvement.

«1º Près du piquet 116 avant le passage à niveau de la route «nationale Aurélia au dessus de Palo, il s'est fait un petit aqueduc de «1 mètre d'ouverture non terminé encore, il était proposé de 2ᵐ.

«Il devra se faire comme il était prescrit, ou à deux ouvertures d'un «mètre l'une.

«2º Au passage à niveau de la route Nationale Aurélia au piquet «119, avant Palo, il est nécessaire de raccorder les petites pentes dans toute la «largeur de la route devenant étroite et par cela dangereuse pour le transport.

«La maison de garde qui était proposée à droite est située à gauche.

«De pareils changements ont eu lieu en beaucoup d'autres points, «mais ils sont souvent rendus nécessaires par la direction de l'écoulement «des eaux tant à la voie ferrée que sur route. Il n'est fait en ce point qu'un «aqueduc provisoire de 0ᵐ 40 sur 27ᵐ de longueur et presque terminé

«3º Vers le piquet 123 et la station de Palo, il était prescrit un «aqueduc de 1ᵐ d'ouverture, pour l'écoulement des eaux près de la route de Monteroni «qui n'a pas été fait, il en faut un autre semblable près du piquet «126.

«Pour la route de Monteroni il n'est pas indiqué dans les types «ni passage à niveau ni déviations.

«On en prend note pour prévoir le cas de nouvelles communications.

«4º On a commencé le bâtiment de la petite station de Palo de 12ᵐ 20 «de longueur sur 8ᵐ 80 de largeur; on n'a pas communiqué le plan de «cet édifice.

«Le réservoir d'eau près du passage à niveau de l'Aurélia après «la station est presque terminé.

« La maison de garde élevée reste à couvrir ; il y a aussi à compléter
« le système des écoulements des eaux, à établir plus complètement le
« raccordement du plan de la route Aurelia et de la voie ferrée.

« 5º Le pont sur le torrent Sanguinaro de 10ᵐ de Corde & 1ᵐ
« 40 de Flèche est lézardé sur les deux têtes.

« Ces lézardes correspondent à la ligne de la face intérieure des
« culées et le pont dans son ensemble a subi un abaissement
« qu'on ne peut considérer comme le tassement ordinaire qui se
« produit après le décintrement. mais plutôt aux fondations qui
« auraient cédé progressivement.

« Pour éviter les funestes conséquences que pourraient amener des
« crues considérables ou le passage de grands trains sur le viaduc, il faudrait
« la reconstruction de cet ouvrage ou au moins une sérieuse consolida-
« tion par un pilotage général tout autour des culées avec des pilotis de
« chêne sur trois rangs de 5ᵐ de long, et former un radier général en maçonnerie
« sous tout le pont avec deux murs de garde en amont & aval, fondé plus
« bas que les culées du pont et établissant entre eux deux le radier général
« en maçonnerie, pavé à la surface, une épaisseur de 1ᵐ 00.

« 7º En avant du pont de Sanguinaro on trouve trois fossés d'écoulement
« qui d'après les types devraient se relier avec les fossés latéraux de la
« voie ferrée débouchant dans le Sanguinaro.

« On observe sur la route nationale avoisinant le chemin de fer,
« outre un pont de deux ouvertures dont une de 7ᵐ & l'autre de 3ᵐ 35ᶜ,
« un autre pont de trois ouvertures ayant 3ᵐ 80. 4ᵐ - 3ᵐ 50 correspon-
« dant aux trois fossés d'écoulement cités, lesquels rendent nécessaire
« la construction d'un autre ouvrage pour séparer le débouché des eaux
« des fossés indiqués.

« 8º Le pont suivant de 10ᵐ d'ouverture et de 1ᵐ 50 de flèche construit suivant
« le plan adopté semble trop bas. L'intrados de la route est plus bas
« que le sol de la campagne, lequel dans les crues est inondé.

« On pouvait pourtant tenir plus élevé ce pont qui se trouve

« au point de jonction de deux pentes opposées de la voie ferrée.

« Il faudrait faire une pente unique entre les piquets 157 et
« 180 distants de 2,200^m et donnant une pente de 1 pour mille. Ce qui
« ne changerait en rien la distribution des autres pentes; dans tous les
« cas, il sera toujours nécessaire, pour garantir la solidité de l'ouvrage, de
« faire un radier général de 1 mètre d'épaisseur pour éviter les affouille-
« ments des eaux.

« 10° L'aqueduc au piquet 181 qui est fait de 0^m 60^c d'ouverture
« nécessite une ouverture d'au moins un mètre.

« 11° L'aqueduc prescrit entre les piquets 184 et 185 n'a pas été construit
« Il faudra faire un autre aqueduc outre celui exécuté
« entre les piquets 188 et 189.

« 12° On doit construire l'aqueduc prescrit au piquet 201 bien
« qu'il soit fait un petit aqueduc sous la barrière du passage à
« niveau en avant du fossé la Lambra.

« 13° Le pont sur le fossé Kambra de 8^m d'ouverture à
« plein cintre ne présente pas de lézardes; il sera bon pourtant de
« construire un radier entre les pieds-droits.

« 14° Le pont sur le Turbino de 8^m d'ouverture et 1^m de flèche
« est bas, mal placé relativement à la direction supérieure et inférieure du fossé;
« il est lézardé sur les deux têtes à la naissance des voûtes; ce qui peut être
« attribué encore aux fondations.

« Il conviendrait de le reconstruire, en le tenant plus élevé.
« On peut modifier en ce point les pentes; on le transportera plus près
« vers Civita-Vecchia pour qu'il soit mieux situé dans la direction du
« fossé, ou tout au moins faire les mêmes réparations qui ont été
« indiquées pour le pont de Sanguinaro.

« 15° Le pont sur le fossé du Marchex de 5^m d'ouverture de
« 0^m 80^c de flèche est d'un débouché trop petit, soit, comparé à
« celui de la route nationale, soit aussi, par la quantité d'eau
« qui établit un courant rapide sous lui; il est en outre

lézardé aux têtes à la naissance des voûtes

Ne pouvant pas non plus élever le passage à niveau voisin de la route nationale au piquet 235, il convient de le reconstruire à deux arches d'au moins de 4ᵐ d'ouverture, dont une avec radier.

16° Au passage à niveau, au piquet 235, devront être établis les fossés d'écoulement avec leurs aquéducs respectifs, qui ne sont pas indiqués dans les types.

On ne connaît pas non plus la raison d'une petite déviation vicieuse non signalée dans le plan de la route nationale qui n'est pas nécessaire et qui n'est pas absolument admissible.

17° Aux piquets 241 et 248 avant le fossé Biscavo, ainsi qu'au piquet 263 entre les fossés Trenta et Pignatte dans la partie San-Severa de la propriété de S.t Spirito in Sassio; il faut trois aquéducs de 0ᵐ 60 d'ouverture au moins.

18° Entre le piquet 283 et le fossé culcari sont deux petits fossés dans les circonscriptions de San-Severa et S.t Spirito qui nécessitent des aquéducs au lieu d'un simple tube enterré de 0ᵐ 16ᵉ de diamètre qui s'y trouve placé.

"En ce point, M. Pio réclame en raison de la défectuosité des "fossés et on devra y construire deux aquéducs.

"19° Le pont sur le fossé Carcari, où commence l'autre "section, a l'ouverture prescrite de 4ᵐ 00; mais il est en arc "(de 0ᵐ 65ᵉ de flèche) au lieu d'être à plein cintre; il ne présente aucune "lézarde; il est nécessaire de mieux rectifier le tracé du fossé.

"20° Du fossé Carcari au ponceau près du piquet 11, distant "de 1100ᵐ dans la circonscription de San-Severa, où sont deux fossés "d'écoulement, il ne fut pas proposé d'aquéduc, on a fait seulement "un égout empierré près le piquet 5 et commencé un autre vers les piquets 7 et 8.

"M. Pio comme représentant l'établissement du S.t Spirito à réclamé pr le manque de fossé "et il devra se faire un aquéduc à deux ouvertures de 0ᵐ 60ᵉ entre les piquets "7 et 8 et cela est justifié par le ponceau au N° 11 qui n'a que 1ᵐ 50ᵉ d'ouverture

« au lieu de 2^m d'ouverture prescrit , n'a que 1^m 50.

« 21°   Le passage en dessus proposé près du piquet 15, n'est point commencé encore.

« 22°   Le pont sur le torrent Riofinne a été fait conforme au type
« (3 arches de 6^m d'ouverture et de 1^m de flèche), il est bien construit et ne présente aucune
« lézarde, mais les crues signalées sur le profil, d'après les indications du plan de la campagne,
« ne correspondent pas. La crue de 1855 fut cause de la ruine du pont de la route
« nationale près celui-ci, et qui est beaucoup plus élevé sur le plan de la campagne, d'où
« l'on peut déduire que dans le nouveau pont il eût été prudent d'abonder en largeur et que
« les ouvertures eussent dû être portées à 8^m au lieu de 6^m. Pour parer à ce défaut, il est
« indispensable d'établir un radier général sous le pont, où des matières accumulées n'ont pas permis
« d'en reconnaître l'existence et d'adjoindre de nouveaux travaux d'art sur les fossés à proximité
« qui se replient sur la voie ferrée. Ce sera un ponceau de 4^m au premier fossé, près du piquet 23,
« un autre ponceau de 4^m d'ouverture de 1^m chacune en égard à la petite hauteur, au 2e fossé, près
« du piquet 25, afin d'obtenir un plus facile débouché aux grandes eaux.

« 23°   Le nouveau pont a été construit à plein cintre de 6^m de Diamètre, mais il n'a
« pas la hauteur de 4^m fixée par les types, puisque le fond du fossé correspond presque à la naissance
« des voûtes et la plus grande partie de la hauteur est comblée par les dépôts du courant. La
« construction ne laisse rien à désirer. Il eût été préférable de le placer plus du côté de Rome, ainsi
« qu'il avait été indiqué, pour améliorer la direction du courant sous le pont de la route.
« La déviation du fossé est à peine commencée & il serait bon d'en profiter pour la diriger plus avantageusement.

« 24°   Le passage à niveau proposé dans les taillis Valdambrini, au piquet 36, a été
« porté au piquet 38, avec déviation de la route nationale Aurelia et rendue défectueuse par
« des courbes mal raccordées et des pentes dépassant la prescription de 3 %. En outre la 1re courbe
« des passages à niveau est trop rapprochée des rives de la mer, où les remblais commencent déjà
« à se mouvoir et pourraient bien se perdre totalement par l'eau qui s'amoncelle sans cesse à leur base.
« Au point du passage à niveau, on a construit un petit aniveau prévu aux avant-projets sans y faire aboutir convenablement les fossés.

« L'Inspecteur M. Zanardi, avait proposé de substituer en ce point, au passage à niveau, un passage en dessous, au piquet 34.

« Considérant que la déviation faite est défectueuse, que d'après l'art. 7 du traité les passages de la route
« doivent se faire, toutes les fois qu'il sera possible, par des passages en dessus ou en dessous. Que dans la partie de la voie
« ferrée de la province de Civita-Vecchia on a déjà plusieurs passages à niveau de la voie Aurelia et
« qu'enfin en ce point le passage en dessous est facile d'après les indications de M. l'Inspecteur lui-même.

14.

« La Société devra exécuter la déviation avec le passage
« en dessous selon la ligne noire du plan conforme en tout aux pièces
« du Commissariat (d° $\frac{8}{28}$) et l'ordonnance ministerielle N° 9369
« du 20 Avril 1858.

« 25° Au piquet 46 sur le fossé de la Querce-Umana
« l'aqueduc indispensable n'a point été fait.

« 26° Près du piquet 53 il faut aussi un aqueduc de 0.m 60
« pour l'écoulement des eaux du versant compris entre la route nationale
« et le chemin de fer.

« 27° La déviation du chemin national au fossé de Selciatella a
« été faite à peu près selon la proposition et suivant les types, mais elle n'a
« pas été livrée à la circulation.

« La correction qui a été proposée par l'Inspecteur Zanardi amé-
« liore peu le développement et on peut tolérer l'état actuel des ouvrages
« d'art, ponts, fossés, passages en dessous.

« Il faudra seulement rendre plus libre la vue de l'accès du pont
« et du passage en dessous par un enlèvement de terrain sur la gauche dans
« toute l'extension de la courbe pour qu'on ait la facilité de découvrir les
« véhicules le plus loin possible.

« Il faut ensuite pourvoir à l'écoulement des eaux du pont par des
« caniveaux latéraux reliés entre eux et débouchant dans un fossé de décharge

« 28° Le pont sur la seconde rivière a été exécuté de 4.m 00 d'ouverture
« comme il est prescrit et ne présente point de remarque.

« Pourtant l'emplacement n'a pas été bien choisi pour la direction
« du courant sous le pont de la route nationale.

« 29° Sur le fossé de la troisième rivière à limite de la circonscription
« des propriétés de Voldambrini et la Tenuto di Sto Macinello di proprietà
« di Sto Spirito, a été fait le pont proposé de 4.mètres d'ouverture, bien constru-
« et qui réunit la voie ferrée et une communication entre les propriétés citées

« Pour arriver au passage en dessous près du piquet 74 dans la
« circonscription de Sto Spirito, ce qui porte une servitude passive au sieur

« Pio délégué de St. Spirito et qui a justement réclamé.

« Pour pourvoir à la communication importante de la portion
« Castrica Voldambrini, il faut un pont sur le dit fossé au mille 8 pour
« arriver au passage en dessous dans la partie Voldambrini, proposé, du
« reste, et à construire au piquet 65.

« 30° Le passage en dessous pour les bestiaux de 2^{mtres} d'ouverture
« près du piquet 92 n'est point fait encore.

« 31° Le passage en dessous près du piquet 102 n'est pas également
« construit.

« 32° Le pont sur le torrent de Marangone a été fait de 3 arches
« de 9^{mtres} de diamètre avec des piles trop faibles.

« Mais d'après les types la position du pont ne convient pas à la direction
« du torrent dont le cours principal se dirige sur la chaussée du Chemin de fer de manière
« que les eaux devant s'écouler le long des talus de cette chaussée, se dirigeant obligue-
« ment vers le pont, pourront tôt ou tard attaquer le remblai et compromettre même la
« solidité du pont.

« Les têtes des deux arches latérales présentent des fentes, mais
« la voûte à l'intrados n'est nullement lézardée. Cette déformation ne peut
« s'attribuer aux fondations, les piles n'ayant pas changé de position, mais aux
« culées construites rapidement et chargées de terre trop rapidement pressée ; aussi est-
« il possible que de nouvelles pluies amènent l'augmentation des lézardes actuel-
« lement peu alarmantes.

« L'Inspecteur Zanardi avait proposé avec beaucoup de raison de
« faire le pont de 5 arches au lieu de 3.

« Après toutes les observations précitées il serait opportun de revenir
« sur le débouché du pont construit, et de le demander de 5 arches.

« Il y aurait plutôt à demander à la société un relevé complet du
« lit du torrent de 1/2 Kilom. au moins en amont du pont et jusqu'à la mer,
« pour étudier la nature des travaux qui pourront assurer la conservation de
« cet ouvrage.

« 33° La déviation de la route nationale Aurélia au pont —— De

« Malpasso devrait se faire d'après les types par le pont Vecchia de
» cette route et par deux contours rapides amenant à un passage en dessous
» de 8 mètres, à partir duquel elle rejoindrait sa ligne primitive par deux nou-
» velles courbes rapides. Sur le fossé de Malpasso était projeté un pont
» de 4 mètres, indépendant de la déviation dénommée.

» L'inspecteur Zanardi modifiait les courbes vicieuses en commen-
» çant la déviation à 100 m avant le pont Malpasso, construisait un
» nouveau pont plus bas que l'actuel et en conservant le passage en dessous
» dans l'obliquité établie, et partant la rejonction à 200 mètres du passage en
» dessous.

» La Société des Chemins de fer, sans tenir compte des modifications
» proposées par l'Inspecteur Zanardi, s'en est tenue à l'exécution du 1er projet en
» l'améliorant dans les courbes d'inflexions de la route, et faisant, au lieu d'un
» pont de 8 mètres et un de 4 m sur le Malpasso, un seul pont de 15 mètres
» d'ouverture qui embrasse la route et le fossé.

» Le pont à plein cintre de construction régulière a produit au
» bout de quelque temps deux fentes dans les murs se dirigeant vers Rome et
» obliquant l'une vers l'autre vers le commencement du couronnement en serpentant
» jusqu'à l'extrados de la culée. Cette lézarde a au sommet une largeur de 0,05,
» pour l'oblique Nord et 4/2 pour celle se dirigeant vers la mer et devient
» capillaire vers la moitié de la hauteur.

» Vers l'imposte et au sommet de la voûte plusieurs arêtes des
» voussoirs se sont brisées mais ne présentent pas de lézardes, si ce n'est quel-
» ques fentes verticales qui ne correspondent pas à celles du mur et qui peuvent
» être attribuées à la pose inexacte des voussoirs ou à la qualité des pierres.

» Les fentes des murs en retour paraissent avoir été occasionnées
» par l'affaissement des fondations qui auraient cédé.

» Ce qui confirme cette assertion, c'est l'inclinaison remarquée vers
» l'extrémité des murs, tandis que le couronnement de la voûte et les autres
» murs en retour sont horizontaux.

» Les ingénieurs de l'entreprise pour vérifier la solidité du pont,

« posé une surcharge de terre sur toute la longueur, de 1 mètre de hauteur,
« et pendant l'opération sont survenues des pluies qui ont augmenté
« considérablement le poids.

« Pourtant les fentes formées à la chaux n'ont point augmenté, ce qui
« laisse la certitude qu'on n'aura point à craindre de nouveaux mouvements.

« Il sera bon, avant de rétablir le joint des pierres, de
« visiter soigneusement les parties des murs qui ont cédé.

« En tolérant les changements arbitraires faits par la Société dans
« cette localité sans soumettre de projet spécial, on pourra conserver la déviation
« de la route nationale exécutée en la dirigeant mieux vers Civita Vecchia.
« coupant la partie avançant à droite d'environ 20 mètres Pour la sécurité
« des véhicules, on devra prolonger le mur de soutènement de la nouvelle
« chaussée à droite du fossé pour y construire au dessus un parapet devant rejoindre
« celui du pont actuel et continuer la défense. Après le passage en dessous, il
« sera fait un garde corps en bois de chêne jusqu'au bout de la partie déviée en
« surexhaussement. Pour garantir la rive gauche du fossé et des pieds
« droits du pont actuel de l'Aurélia, on devra construire un mur lié avec du mor-
« tier joignant celui en pierres sèches du talus de la chaussée du chemin de fer
« à la culée du pont.

« 34°. Pour la communication avec le fossé d'écoulement le pont en dessus
« de 3 m a été fait ainsi qu'il était convenu près du piquet 145, mais il fau-
« drait arranger les entrées du chemin.

« Près de ce passage il existe au delà du chemin de fer le magasin à
« outils du casome des Dragons, propriété attenante au port ; lequel, de
« convention entre les ingénieurs de la délégation et de la Société, doit être
« transporté sur le côté opposé, bien qu'en ce point il soit garanti par un mur
« en pierre sèche formant la délimitation des talus de la chaussée dont il est
« peu éloigné.

« 35°. La déviation de la route nationale au Baccucos n'est
« pas sensiblement changée de celle proposée dans sa direction planimé-
« trique, mais on devra corriger les variations des contrepentes prescrites de 3 %.

"Entre le passage en dessous et le pont de Pecoraro établissant
"ensuite les talus avec les inclinaisons prescrites.

"En avant de l'entrée du pont en dessous on devra enlever la partie du
"terrain à gauche, de manière qu'on voie le pont du commencement de la courbe.

"36.° Le pont sur le fossé de Pecoraro de 4 mètres d'ouverture présente
"des lézardes sensibles soit sur les têtes, soit à la voûte et aux pieds-droits qui dé-
"notent des défauts dans les fondations.

"En présence de tels faits des déformations de la plate-forme du fossé,
"qui n'a pas assez de pente, il est impossible d'attendre par un renfort aux
"culées et un radier d'assurer la solidité du pont, aussi devra-t-il être recons-
"truit entièrement.

"Il est aussi nécessaire de reconstruire le parapet du pont à la route
"Aurelia, qui a été démoli.

"37.° Le pont sur le fossé Zampa d'Agnello de 10 mètres d'ouverture
"à plein cintre et le passage en dessous qui lui est annexé présente des mou-
"vements par des fendillements aux têtes, savoir: 4 fentes entre le pont
"et le passage en dessous, une à la tête d'aval près la clef de voûte et se fait sentir
"dans les 2/3 de la longueur de l'arête de voussoir à l'intrados entre les deux clefs
"des arcs de tête.

"Les quatres 1.ères lézardes sont occasionnées par le remplissage
"des reins des deux voûtes par des sacs de terre et des pierres tassées inégalement,
"et la hauteur du remblai entre les murs de garde fait sans interruption ni
"repos donné aux maçonneries pour arrêter le progrès de ces fentes, les
"ingénieurs de l'entreprise ont établi une voûte intermédiaire entre celle des
"deux ponts.

"Quant aux autres parties, le tassement des terres étant accompli en
"ces remblais embrassant en grande partie les murs en retour, il y a peu de
"crainte qu'elles s'aggravent, on devra seulement porter une attention conti-
"nuelle sur ces ouvrages pour les réparer au besoin.

"38.° Ayant exposé les lacunes particulières de Civita-Vecchia
"à Rome et indiqué toutes réparations et modifications qui sont nécessaires

« il est bon d'ajouter quelques considérations générales.

« En divers points la ligne semble avoir été tracée trop bas,
« ce qui a empêché de donner à plusieurs ponts une ouverture à plein cintre
« et des hauteurs sous clef suffisantes pour donner passage aux eaux dans
« le cas de grandes crues, et en plusieurs points il est probable que la
« voie sera elle-même inondée.

« Cette erreur remonte au projet Guérin qui n'a point donné des
« repères auxquels on puisse se rapporter pour établir un rapport entre les
« profils.

« Là où il était nécessaire d'établir des aqueducs pour l'écoulement des
« eaux, l'on a proposé de nouveaux aqueducs, mais il pourra arriver que par
« la suite on reconnaisse l'urgence d'en construire d'autres encore.

« Les passages en dessus des chemins secondaires ou de communication
« privée dans les propriétés ont été construits de 3 mètres de largeur au lieu de 4^{m}50
« que portait le projet approuvé. ces points devront être refaits, s'il y avait
« des réclamations postérieures.

« Les ponts sont en général privés de leurs parapets prescrits de
« 0^{m}80 de hauteur.

« Peu d'ouvrages d'art ont été munis de conduites d'écoulement des eaux
« de filtration.

« En beaucoup de points il était nécessaire de faire des emprunts pour
« les remblais, ceux-ci se sont faits le long de la ligne par de grandes excava-
« tions en au pied de ces mêmes remblais sans avoir les talus nécessaires.

« Les remblais élevés sans aucune construction, formés de terre et
« autres matières seront sujets pendant quelque temps encore à des tasse-
« ments, en sorte qu'on peut considérer la voie actuelle comme provisoire
« seulement pour le transport des wagons de matériaux traînés par des che-
« vaux en y exclure jusqu'ici l'usage des locomotives.

« Les traverses pour la pose des rails, soit celles posées nouvellement
« soit celles restant au dépôt le long de la voie, sont toutes de chêne ou de
« sapin, en partie défectueuses, et celles en sapin n'ont point été posées jusqu'ici

« Il reste à décider la manière dont se fera le choix et l'éloigne-
« ment des traverses ayant servi aux opérations ; il pourrait être fait
« par l'Ingénieur du Gouvernement en obligeant la Société à fournir
« les ouvriers nécessaires et en outre un charpentier dont la capacité et
« la pratique soient reconnues .

« Résumant l'exposé ci-dessus, il résulte que l'on doit enjoindre
« à la Société des chemins de fer les prescriptions suivantes .

« Résumé du Rapport fait sur les travaux des
« Chemins de fer de Rome à Civita-Vecchia pour la partie
« comprise dans la délégation de Civita-Vecchia .

« Résumé, l'exposé du rapport ci-joint, il résulte que l'on enjoint
« à la Société les prescriptions suivantes :

1° « Construire l'aqueduc (au piquet 116 près le Palo) de l'ouverture
« de 2ᵐ 00, ou le faire de deux ouvertures de 1ᵐ 00.

2° « Modifier le passage à niveau de la route nationale Aurélia (au
« piquet 119), régler l'écoulement des eaux de la route et de la voie ferrée,
« l'aqueduc provisoire existant est déjà encombré par les dépôts des eaux.

« Construire l'aqueduc prescrit de 1ᵐ 00 près du piquet 123 et de
« la station de Palo, en faire un autre semblable pour le piquet 126.

« Aucune déviation de la route de Monteroni n'étant indiquée
« dans les types, il serait bon de prévoir le cas de nouvelles communications.

« Compléter le système des écoulements près le passage à niveau
« de la route Aurélia, après la station de Palo, et régler plus avantageuse-
« ment le raccordement du plan de cette route avec celui de la voie ferrée.

5° « Reconstruire et réparer le caniveau de 0ᵐ 60 entre les piquets
« 138 et 139 qui était porté de 1ᵐ 50.

« Reconstruire le pont sur le torrent de Sanguinaro ou au moins
« faire une sérieuse consolidation par un pilotage général tout autour des
« culées avec des pilotis de chêne sur trois rangs et former un radier général

« sur tout le pont avec les murs de garde en amont et en aval fondés
« plus bas que les culées du pont .

« 7°. Construire en avant du pont de Sanguinaro un nouvel ouvrage
« d'art pour l'écoulement des eaux des trois fossés du pont et des trois arches de la
« route nationale .

« 8°. Construire un aqueduc à deux ouvertures accouplées de 0m60
« l'une dans les taillis ou dans les bois de Cerveteri et le fossé Vaccino.

« 9°. Construire un radier au pont sur le fossé Vaccino, l'exhausser en
« tenant plus élevée la voie ferrée, par une seule pente entre les piquets 157 et 180.

« 10°. Porter de 0m60 à 1m,— au moins l'ouverture de l'aqueduc du piquet 181.

« 11°. Construire l'aqueduc prescrit entre les piquets 184 et 185, bien
« qu'il en ait été fait un autre entre les piquets 188 et 189 .

« 12°. Construire l'aqueduc prescrit au piquet 201 malgré le caniveau
« fait sous la barrière du passage à niveau en avant du fossé la Zamba.

« 13°. Au pont sur le fossé la Zamba construire le radier entre les culées
« de même qu'à celui de Vaccino.

« 14°. Reconstruire le pont sur le fossé de Turbino, mal placé relati-
« vement à la direction du fossé, en l'élevant de 1m 00, le transportant
« plus près de Civita-Vecchia, pour le ramener dans la direction du fossé,
« ou tout au moins faire les mêmes réparations qu'au pont de Sanguinario
« en l'exhaussant toujours de 1m 00.

« 15°. Reconstruire le pont déformé sur le fossé del Marchese, le
« faisant à deux arches de 4m 00 d'ouverture et armées de radiers.

« 16°. Arranger les fossés d'écoulement aboutissant à leurs aque-
« ducs respectifs près du passage à niveau de la route nationale au piquet
« 235. Remédier au vice de la déviation de la route nationale qui n'est
« pas admissible .

« 17°. Construire trois aqueducs aux piquets 241 , 248 et 263 dans
« la circonscription de San Severa et Sto Spirito en avant le fossé
« Biscaro, entre celui de Trestta et Siguatte .

« 18°. Construire deux aqueducs sur les fossés entre le piquet 283

« et le fossé Carcari dans la circonscription de Sto Spirito au lieu de simple
« tube en terre placé en ce point.

« 19° . Au pont sur le fossé Carcari raccorder mieux le déblai de rectification
« du fossé.

« 20° Après le fossé Carcari construire un aqueduc à deux ouvertures
« accouplées de 0ᵐ60 l'une entre les piquets.

« 21° Faire un passage en dessus prévu, près du piquet 15.

« 22° Pour suppléer à la faible hauteur en débouché du pont sur le torrent
« Rio Fuisne il faut adjoindre deux ponceaux sur les deux fossés voisins, dont un
« de 4ᵐ00 d'ouverture et le deuxième de 4 ouvertures de 1ᵐ00 chacune, près
« du piquet 25 au pont Rio Fuisne ; on fera le radier dont l'existence n'a pas
« été reconnue.

« 23° Le pont nouveau eut mieux été placé plus près de Rome, ainsi qu'il
« avait été indiqué, pour améliorer la direction du courant sous le pont de la
« route. On fera seulement la déviation du fossé à peine commencé dans la
« direction la plus avantageuse.

« 24° Exécuter la déviation de la route Aurélia dans les bois de Valdambrini
« et le passage en dessous au piquet 34, conformément à l'ordonnance ministérielle
« n° 9369 du 20 Août 1858.

« 25° Construire l'aqueduc sur le fossé Querce Umana au piquet 116.

« 26° Construire un autre aqueduc de 0ᵐ60 au piquet 63.

« 27° Admettant la déviation faite de la route nationale au fossé Celicatallo,
« il faudra au moins rendre plus libre la vue de l'accès du pont et du passage en dessous
« par un enlèvement de terrain sur la gauche dans toute l'extension de la courbe, pour
« qu'on ait la facilité de découvrir les véhicules le plus loin possible. Il faut ensuite
« pourvoir à l'écoulement des eaux du pont par des caniveaux latéraux reliés
« entre eux et débouchant dans le fossé de décharge.

« 28° Rétablir le lit nouveau de la seconde rivière tant à l'aval qu'en amont
« du pont.

« 29° Construire un pont sur le fossé du mille VIII pour la communication
« importante de la portion Castrica Valdambrini, ainsi qu'un passage en dessus

« près du piquet 65 en avant du du fossé, pour ne pas assujétir à une ser-
« vitude passive la circonscription de Sto Spirito, de Sto Marinella, pour
« lesquelles le Sr Pio délégué a justement réclamé.
« 30°   Construire un passage en dessus prévu près du piquet 92.
« 31°   Construire l'autre passage en dessus près du piquet 102.
« 32°   La Société devra présenter un plan exact du torrent Marangone et de
« ses attenants à 1/2 Kilomètre au moins à l'amont du Pont, et jusqu'à la mer à l'aval.
      « Pour étudier la nature des travaux qui pourraient assurer la conser-
« vation de cet ouvrage, le pont avait été proposé par l'Inspecteur Zanardi, de
« cinq arches, mais il a été construit de trois arches seulement sur des piles
« exiguës, déjà il présente des fendillements en plusieurs points. On cher-
« chera malgré cela à le conserver.
« 33°   Les changements arbitraires faits dans la localité de Malpasso,
« sans présenter un projet spécial d'après les obligations du cahier des charges. et
« sans écouter les avis donnés aux Ingénieurs de la société par l'Inspecteur Zanardi, mérite-
« raient la désapprobation ministérielle, mais nonobstant elles pourront être
« tolérées, sauf les modifications suivantes : on devra reprendre en dessous les fon-
« dations des murs en retour du pont, et modifier les déviations en raccordant
« mieux les extrémités vers Civita-Vecchia, coupant la partie avançant à
« droite de 20m environ. Pour garantir la sécurité des véhicules, on devra pro-
« longer les murs de soutènement de la nouvelle chaussée à droite du fossé, pour
« y construire au dessus un parapet qui aille rejoindre celui du pont actuel sur la voie Aurélia
« Pour continuer la défense, après le passage en dessous il sera fait un garde-
« corps en bois de chêne équarri et verni jusqu'au bout de la partie déviée et un surexhaussement,
« enfin pour garantir la rive gauche du fossé et les pied droits du pont actuel
« de l'Aurélia, on devra construire un mur en maçonnerie joignant
« celui en pierres sèches du talus de la chaussée du chemin de fer à la culée du
« pont
« 34°   On maintiendra la disposition déjà énoncée de reconstruire de l'autre
« côté du chemin de fer le magasin à outils du fossé dés écoulements des propriétés
« des bassins d'extension de la chaux hydraulique du port, bien qu'il soit

« garanti d'un mur en pierres sèches formant la délimitation des talus
« de la chaussée dont il est peu éloigné.

« 35°.   La déviation de la route nationale à Baccucco, peu différente de celle
« proposée dans sa direction planimétrique, devra être corrigée dans ses pentes entre
« le passage en dessous et le pont de Pecoraro établissant ensuite les talus avec les
« inclinaisons prescrites. En avant de l'entrée du pont en dessous, on devra enlever
« la partie du terrain à gauche de manière à voir le pont du commencement de la courbe.

« 36°.   Le pont sur le fossé de Pecoraro, lézardé aux têtes, à la voûte, aux
« culées, devra être entièrement reconstruit avec des fondations suffisantes, et
« on devra refaire le parapet du pont de la route Aurélia, qui a été démoli.

« 37°.   Le pont sur le fossé Zampa d'Aguello lézardé et auquel on a fait plusieurs
« opérations pour assurer sa solidité, sera surveillé pour prévoir toute avarie.

« 38°.   La pose des rails faite vers Palo est considérée comme provisoire pour les
« transports des matériaux par des chevaux seulement et exclut
« le transport par des moteurs à vapeur, spécialement
« dans les points des passages à niveau. On rappelle l'observance de l'injection des
« bois de sapin.

« 39°.   Le ministre se réserve de donner des dispositions ultérieures qui deviendront
« nécessaires, soit pour les exigences des propriétés voisines, soit relativement à la ligne
« de la voie ferrée choisie trop basse, ce qui a empêché de donner à plusieurs points une
« ouverture à plein cintre et des hauteurs sous clef suffisantes, pour donner passage
« aux eaux dans le cas de grandes crues, et ce qui laisse à craindre aussi que la voie ferrée
« ne soit elle-même inondée en plusieurs points, soit sur la nécessité de nouveaux aqueducs,
« soit pour la largeur de 3ᵐ 00 des passages en dessus, réglée de 4ᵐ 00 par les traités, soit
« sur l'absence du parapet des ponts, soit sur l'absence des conduits en fer et tubes d'écoulement
« des eaux au dessus des ponts, soit sur les excavations trop voisines du pied des talus
« des remblais, soit enfin sur le choix des traverses.

« 40°.   On pourrait enjoindre à la Société d'exécuter toutes les modifications et tra-
« vaux cités, et de donner aux Ingénieurs l'ordre de s'adjoindre un ingénieur de l'État pour
« s'entendre continuellement sur les travaux, surveiller, vérifier et donner connaissance de leur
« marche à l'autorité Supérieure.

Civita Vecchia, 13 8ᵇʳᵉ 1858.
Signé : Menimi, Inspecteur.

Commissariat général
des
Chemins de fer
des
États Pontificaux.

———

Travaux
d'une partie du Chemin de fer
compris dans la province
de Rome et Comarca.

Le 2 Novembre 1858.

À Son Excellence Monsieur le Comte
Antonelli, Vice-Président de la Société
Pio Centrale.

Excellence ,

Le soussigné, pour faire suite au N.º 34.107 du 25 Octobre
dernier, remet à Votre Excellence une copie conforme du Rapport
de l'Ingénieur Inspecteur général des travaux sur la visite faite
par lui dans la partie du Chemin de fer comprise dans la province de
Rome et Carmarca.

Dans ce rapport, la Société pourra prendre connaissance de ce
qui lui incombe pour se conformer aux conditions du Cahier des charges
de concession et obtenir de l'Administration supérieure l'approbation des travaux de ladite voie ferrée.

En attendant avec impatience les conclusions de Votre
Seigneurie, le Soussigné prie Votre Excellence , etc.

Le Commissaire Général
Signé, Massimo.

Rapport

« Rapport sur la visite faite aux travaux de la
« partie du Chemin de fer comprise entre Rome et la limite
« de l'Agro Romano, près Palo.

« Conformément aux instructions supérieures, les notes ci-après
« contiennent les remarques faites dans la visite des travaux du Chemin
« de fer, depuis Rome jusqu'à la limite de l'Agro Romain et de la déléga-
« tion de Civita-Vecchia ; elles font connaître tous les points qui ont donné
« lieu à quelques observations, soit par défectuosité du tracé, soit par
« mauvaise exécution des ouvrages d'art et par leur position à l'égard de l'écoulement
« des eaux supérieures, afin qu'il soit pourvu à toutes les réparations ou cor-
« rections indispensables, sans préjudice des améliorations qui pourront être
« ultérieurement reconnues nécessaires, et sans parler des parties encore in-
« complètes, mais en voie d'exécution.

« 1°. Près de la station provisoire de Rome située proche de la
« Porta Portese, se trouve un passage en dessous pour la route provinciale
« Portuense, qui n'a pas sous poutre la hauteur prescrite de 5 mètres, mais
« seulement 4^{m}40. Cette hauteur serait suffisante pour une route
« communale de peu d'importance, mais elle est trop faible pour une
« route provinciale (art. 8 du Cahier des charges). Ensuite le niveau de
« l'ancienne route a été baissé d'un mètre au point le plus bas, sous le
« pont, et cet abaissement rendra la route beaucoup plus sujette aux inon-
« dations du Tibre, dont les débordements se sont quelquefois élevés jusqu'au
« niveau de l'ancienne route, et l'écoulement de l'eau se fera difficilement par
« les petits aqueducs qui sont construits au point le plus bas du passage en
« dessous.

« Le passage se trouve sous la partie du Chemin de fer qui va
« vers le Tibre dans l'intention de relier par une station générale les lignes.
« Pio-Centrale et Pio Latina, mais pour le moment, cette portion se trouve
« indépendante de la station provisoire. Mais si le passage du chemin de fer sur
« le Tibre peut avoir lieu, il sera nécessaire de relever le niveau du chemin de fer

» es de la Station provisoire, non seulement pour que le passage par des-
» sous ait la hauteur prescrite, mais pour pouvoir rehausser la route
» provinciale, et la rendre autant que possible moins sujette aux inondations
» du fleuve.

» 2.° A la jonction de la route provinciale Portuense, et de la route
» rurale della Magliana, la première traverse la ligne du Chemin de fer par
» un passage en dessous, préparé par ouverture, de 4.^m 30 de hauteur à l'entrée
» et de 4.^m 20 à la sortie. L'art. 8 du Cahier des Charges prescrit 5.^m pour
» hauteur de ce passage. Le fossé latéral à la route en courbe est dangereux,
» sans défenses; et le long aqueduc traversant le passage en dessous et la route
» de la Magliana est d'ouverture insuffisante et déjà en partie obstrué. Le mur
» en retour à gauche après le pont est lézardé et hors d'aplomb, par défaut des
» fondations et par la pression des terres formant le remblai.

» On devra parer convenablement à tous ces défauts.

» 3.° Depuis la station jusqu'au passage en dessous de la route
» rurale delle Vigne, au piquet 9, après S. Passera, l'examen n'a pas été fait
» minutieusement, les travaux étant encore incomplets. Les murs de ce passage
» en dessous ne sont point lézardés. Le passage divisé en travées ne présente
» qu'une hauteur de 3.^m 80 au lieu de 4.^m 30 exigés par le Cahier des Charges.
» Les petits aqueducs d'écoulement construits dans les piédroits ont seulement
» 0.^m 40 d'ouverture et sont d'un curage difficile. Avec une petite modification
» dans la route du Chemin de fer, en la brisant au piquet 10, on obtiendrait la
» hauteur prescrite pour le passage; on pourrait aussi trouver avantage à
» disposer mieux le profil en long de la route rurale.

» 4.° Entre le passage susdit et le passage à niveau de la route rurale
» delle Vigne, près du piquet 12, le talus de la tranchée commence à être raviné
» par les eaux; il faudrait diviser la hauteur par une banquette, et diminuer
» l'inclinaison en augmentant la base.

» 5.° Entre les deux passages à niveau de la route rurale avant la
» Marrana di Papa Leone, les fossés amenant les eaux des campagnes
» aux aqueducs, ne sont pas ouverts; il convient de régler l'écoulement des

»cause près des deux passages à niveau, et d'ajouter encore deux
»aqueducs.

»6° Dans la tranchée sous le Casino Forti, haute d'environ
»17 mètres, les talus sans être coupés par des banquettes, et avec une
»inclinaison de un mètre de base sur un mètre de hauteur seront sujets aux ébou-
»lements et pourront causer du dommage au bâtiment. Dans tous les
»cas, le propriétaire devra être indemnisé convenablement en cas de ruine:
»Mais comme les éboulements pourraient amener de graves inconvénients
»pour le Chemin de fer, il serait bien mieux dès maintenant ou d'abattre
»la partie la plus avancée du bâtiment pour augmenter la base des talus,
»ou de reporter à gauche la voie ferrée en modifiant le profil en long.

»7° Après la tranchée sous le Casino Forti, au lieu de l'aquéduc
»proposé d'un mètre d'ouverture, on a placé un tube de terre cuite de 0^m19
»de diamètre, qui est déjà obstrué, et un peu plus loin avant le fossé l'affoga
»l'asino, il est aussi placé un conduit semblable; on ne doit pas oublier que
»ces tuyaux ne sont que provisoires, et qu'ils doivent être remplacés par les
»aquéducs prescrits qui, devant servir à écouler les eaux d'une assez grande
»surface de terrain, et de divers fossés à dévier, seront faits d'au moins 1^m20
»d'ouverture, ou à 2 ouvertures de 0^m60 chacune. L'écoulement des eaux
»entre le passage à niveau et le piquet 33 devra se faire par le fossé l'affoga
»l'asino.

»8° Près le passage à niveau de la déviation de la route della Ma-
»gliana, au piquet 42, avant le mont delle Piche, il a été proposé un aquéduc
»que l'on n'a pas fait; il est nécessaire de le construire en le faisant passer sous le
»chemin de fer et sous la route pour écouler les eaux des fossés de la route rurale
»déviée.

»9° Du passage à niveau précité jusqu'au commencement de
»la courbe avant le mont delle Piche, il n'a pas été proposé d'aquéduc, et
»pourtant il serait utile d'en établir un pour écouler les eaux du chemin
»et des sources supérieures; ou bien on pourrait augmenter la section de
»l'aquéduc précédent, et y rassembler toutes ces eaux.

10° À la moitié environ de la courbe du chemin de fer, avant la tranchée du mont delle Piche, il y a un aqueduc sous la route de la Magliana, au cause duquel il est nécessaire de donner passage. Il faut remarquer que près de ce point, par suite des éboulements des terrains battus par le Tibre, la plateforme du chemin de fer montre déjà un affaissement, et il n'est pas probable que ses talus demeurent à l'abri des débordements du fleuve.

"11° Au Monte delle Piche, le chemin de fer est tracé sur un emplacement marécageux vers la voie droite du Tibre et sillonné de sources qui affaissent le terrain; la ligne a peu de largeur, un talus presque à pic et élevé, formé de diverses matières argileuses, sablonneuses et graveleuses, etc., peuvent causer des éboulements. La ligne ainsi tracée ne présente aucune garantie de stabilité; on en prévoit au contraire le peu de durée.

"Il est donc indispensable que la Société étudie et présente un projet bien détaillé pour l'amélioration du chemin de fer dans cette localité afin de le protéger contre les débordements du Tibre et les éboulements du Monte et garantir la sécurité du passage du Chemin de Magliana.

"Nous nous empresserons de faire remarquer ici que d'après le projet Guérin qui servit de base à la concession, on proposait de dévier la voûte et d'interner le chemin de fer vers la droite dans la côte du Monte, de manière que la route aurait passé entre la voie ferrée et le fleuve, l'assurant néanmoins contre les crues du fleuve par de sérieux travaux de défense.

"12° Le pont sur le fossé de la Magliana qui s'étend sous le chemin de fer et sous la route déviée a deux lézardes serpentant à l'extérieur et s'enfonçant latéralement à la voûte. Ces lézardes sont produites par les murs de soutènement. Il existe en outre deux capillaires ou petites lézardes dans l'intrados de la voûte, l'une de peu d'étendue, et l'autre s'élevant au pied droit à la hauteur de l'intrados prend naissance au milieu de la voûte et apparaît près de la clef et au sortir de l'eau. Ces lézardes paraissent quelque peu céder du côté de la partie inférieure du pied droit à droite, et quoique ces lézardes de la voûte soient très faibles, il faut néanmoins se tenir en observation pour reconnaître s'il ne se manifeste aucune avarie.

« On devra, en attendant, pourvoir à la consolidation des murs qui
« continuent le pont et réparer les deux lésions qui sortent de l'eau.

« 13° Le Pont en dessous après le fossé de la Magliana est
lézardé avec capillaires longitudinales dans la voûte par suite de l'abais-
« sement des culées surtout du côté de Rome. Pourtant si les fondations
« étaient solidement établies, il ne faudrait que reconstruire la voûte, seule-
« ment pour donner moins de charge aux piedroits, on pourrait subs-
« tituer une travée à la voûte.

« 14° Du pont en dessous sus-énoncé jusqu'au passage à niveau
« sur le confin des territoires de la Magliana et de la Muratelle, entre
« les trois égoûts prescrits, il faudra en construire un nouveau quoiqu'un
« conduit de terre cuite soit placé non loin de là, cet autre égoût est
« exigé pour l'écoulement des eaux des sources aboutantes qu'on voit
« dans cet espace de chemin pour garantir de l'envahissement des eaux
« des étangs.

« Il sera urgent de faire des fossés de garde pour faciliter le
« prompt écoulement des eaux provenant soit des sources, soit de la pluie.

« 15° De la fontaine de la Muratelle au piquet 69 jusqu'au pas-
« sage à niveau du piquet 81, dans une longueur d'environ 1200^m, un seul
« égoût de 1^m 00 d'ouv. y avait été établi dans l'intervalle des piquets 79 et
« 80 destiné à recevoir l'écoulement de tous les autres fossés déviés et des terres
« avoisinantes ; on n'y a ajouté qu'un conduit de terre cuite sur la partie
« supérieure dans un point intermédiaire de ladite fontaine, à un point en
« dessous près du piquet 77. Il faudra même pourvoir aux exigences de ces
« écoulements.

« 16° L'égoût proposé près du piquet 88 n'est pas construit ; on
« devra le faire.

« 17. Des deux passages en dessus de la voûte de la Magliana
« près des piquets 77 et 91 qui étaient proposés à niveau convenable de 8^m
« d'ouverture, l'un est construit, l'autre est en voie de construction. Le pre-
« mier est de 14^m 50, le second de 5. 50. La hauteur à l'intrados sera

réduite à 5^m au dessus des rails posés. La fondation des murs de culées est de 3^m 77 de longueur, ce qui fera que le passage entre les parapets n'atteindra pas le chiffre de 4^m prescrit par le Cahier des Charges.

Pour éviter des réclamations qui pourraient survenir, la Société devra prendre des mesures avant de continuer ces travaux.

« 18°. Entre les deux égouts de 0^m 60 d'ouv. près les piquets 68 et 102, éloignés d'environ 14^m 00., on a proposé deux égouts semblables, près les piquets 92 et 96 : le premier a été fait d'un mètre près le piquet 93. On a substitué un conduit de terre d'un diamètre de 0^m 16 à un autre égout proposé près le piquet 96, indiqué dans le profil. Cet égout a été construit à peu près entre les piquets 97 et 98. Malgré cela, si on considère l'immense étendue que doivent parcourir en cet endroit les eaux courantes et les eaux stagnantes, il est nécessaire d'y ajouter au moins un autre égout pour régulariser les fossés d'immersion et de décharge.

« 19. Du fossé du petit égout jusqu'au passage à niveau de la route provinciale Portuense, de Rome Fiumicino, avant d'arriver à Ponte-Galera, on n'avait proposé que deux égouts, l'un entre les piquets 105 et 106, l'autre au piquet 118 près ledit passage, et un ponceau entre les piquets 112 et 113.

« Le ponceau seulement devait, d'après le projet, avoir deux mètres d'ouverture, et l'on a substitué à celui-ci un ouvrage d'art à trois ouvertures de 1^m chacune, auquel viendront aboutir les autres écoulements au moyen de longs fossés latéraux.

« L'égout qui doit être placé près le piquet 118, n'est pas encore fait; L'étendue du parcours des eaux et le déviement des fossés pour porter et réunir ces eaux dans un seul ouvrage d'art, rendent le système défectueux; il serait nécessaire ou de joindre un autre égout, ou d'élargir le fossé de décharge en proportion de l'ouvrage d'art composé de trois ouvertures.

« 20.: Le passage à niveau n'est pas encore parfaitement établi.

« 21. Dans le voisinage de Ponte-Galera, les rails ont été posés sur des traverses en chêne en partie défectueuses, mais cette voie provisoire ser-

au transport des matériaux au moyen de chevaux, vu qu'il n'est pas possible de se servir de machines à vapeur à l'endroit où se trouvent les passages
à niveau, tant que les travaux du chemin de fer ne seront pas bien surveillés.

 "22° Le Pont sur le Rio Galera a trois ouvertures de $6^m.00$ l'une
selon le projet approuvé. Il a été élevé néanmoins ailleurs que sur l'ancien
lit du fleuve, on l'a rapproché de Civita-Vecchia; de cette manière, l'eau entre
naturellement dans le débouché du Pont, mais elle en sort difficilement par
suite de la courbe sensible qu'elle est obligée de suivre; il conviendrait de lui donner
un plus grand développement, afin de faire arriver les eaux plus directement
au Pont de Fiumicino.

 "On remarque dans cet ouvrage quelques capillaires à l'entrée et à la
sortie des eaux, latéralement à l'arche gauche; il en est de même pour la culée de
droite à la sortie.

 "Les lézardes ne sont pas bien marquées, cependant on devrait les observer,
parceque les murs ne présentent pas encore assez de solidité, et donnent lieu à
quelque affaissement. Ces défauts font voir assez le peu de soins apportés par les
constructeurs dans l'exécution de leurs travaux.

 "23° Pour le passage à niveau après le pont de Galera par la route de
Macarese, les culées seules sont commencées.

 "24° De ce passage jusqu'à l'égout qui se trouve entre les piquets 144
et 145 sur une longueur d'environ 1500 mètres, aucun égout n'a encore été fait;
cependant on en a placé un près de la fontaine au piquet 137, avec deux conduites
de terre d'un diamètre de $0^m.16^c$; malgré cela, pour une étendue aussi grande, on
devrait y établir deux autres égouts avec fossés de décharge.

 "25. Près du piquet 146, on a ajouté un conduit de terre, et l'on a
déplacé le passage à niveau qui se trouvait entre les piquets 147 et 148 pour
les porter sur le confin du territoire de Ponte Galera et Castel Malnome.

 "A ce passage à niveau, de même qu'au suivant, les maisons de garde
n'ont pas été construites.

 "26° Au fossé de Bottegone, on avait proposé un ponceau de 2 mètres
d'ouverture, et l'on a fait un pont à segment de cercle de 4^m qui sera

«travaux dans les conditions du projet Guérin, et quand le Chemin de fer sera
«présenté à la réception générale, déclarant enfin, dès à présent, que jamais le
«chemin de fer ne sera reçu, ni l'ouverture permise tant que les travaux ne
«seront pas reconnus exécutés régulièrement suivant le susdit projet Guérin, et les
«différentes approbations émanant du Ministère même.

«Le Commissaire soussigné croit que la Société, en vue de son propre intérêt,
«se conformera aux prescriptions énoncées.

Le Commissaire Général.
Signé : M. Massino.

1er Rapport.

«La Société Pio-Centrale doit exécuter dans le Chemin de fer de Rome à
«Palo ce qui suit :

«1°. Relever le Chemin de fer près de la station provisoire de Rome,
«de manière que la partie vers le Tibre, non-seulement laisse au passage
«par dessous de la route provinciale Portuense la hauteur de 5 mètres fixée
«à l'art. 8 du cahier des charges, mais permette de relever la plate-forme de
«cette route pour la rendre moins sujette aux débordements du fleuve.

«2°. Porter à la hauteur de 5 mètres l'ouverture du second passage
«par dessous de ladite route ; pourvoir à la stabilité des murs de soutènement à
«gauche, lézardés et hors d'aplomb ; parer au péril que présente le fossé
«latéral à la route, sans défenses ; et enfin corriger l'aquéduc traversant le
«passage en-dessous et la route della Magliana, d'ouverture insuffisante et en
«partie obstrué :

«3°. Porter à la hauteur de 4^m 30 prescrite, l'ouverture du passage
«en-dessous de la route rurale delle Vigne, après S. Passera, en modifiant la pente du
«Chemin de fer à partir du piquet 10, ou, si on le préfère, celle de la route rurale :

«4°. Assurer contre les déformations les talus de la tranchée entre
«le susdit piquet et le passage à niveau de la route rurale delle Vigne près du piquet
«12, en divisant la hauteur par une banquette et en augmentant la base.

«5°. Entre les deux passages à niveau de la route rurale, avant
«le bâtiment du Pape Léon, faire dans la Campagne les fossés
«nécessaires pour conduire et emmener les eaux des aquéducs, main-

"tenir l'écoulement près des deux passages à niveau, en joindre deux aquéducs.

"6° Augmenter la base des talus de la haute tranchée sous le Casino
"Forti ; abattre la partie la plus avancée du Casino, et couper la hauteur des
"talus par une ou deux banquettes, ou bien modifier le tracé en rejetant le Chemin
"de fer à gauche.

"7° Construire l'aquéduc après la tranchée Forti, au point où sont posées
"deux insuffisantes conduites de terre cuite ; l'aquéduc se fera de 1ᵐ 20 d'ouverture ou avec
"deux ouvertures de 0ᵐ 60 chacune ; et l'eau, depuis le passage à niveau du piquet 33,
"devra s'écouler dans le fossé l'Affoga l'Asino.

"8° Construire l'autre aquéduc près du passage à niveau du piquet 42 ;
"il passera sous la route rurale de la Magliana déviée.

"9° Ajouter un aquéduc entre le susdit passage à niveau et le commencement
"de la courbe avant le mont delle Piche, pour donner issue à l'eau s'écoulant du chemin
"et des sources supérieures, ou bien augmenter le débouché de l'aquéduc précédent pour donner
"passage à toutes les eaux.

"10° Pourvoir au passage de l'eau de l'aquéduc de la route della Magliana,
"à la moitié environ de la courbe du Chemin de fer avant la tranchée delle Piche.

"11° Étudier et présenter un projet détaillé pour l'amélioration du
"tracé du Chemin de fer au mont delle Piche, lequel ayant pour base la
"ligne Guérin, sauf les modifications qui seront estimées opportunes, satisfera à la
"double obligation d'assurer le Chemin de fer contre les attaques du Tibre et contre
"les déformations du mont Franoso.

"12° Assurer la stabilité des murs en retour du pont construit sur
"la Magliana, lézardés à l'amont ; réparer toutes les lésions de la voûte et
"surveiller pour prendre les mesures ultérieures en cas de besoin.

"13° Reconstruire la voûte lézardée du pont en dessous
"après celui della Magliana, ou bien substituer à cette voûte des poutres droites pour moins
"charger les piédroits.

"14° Exécuter dans le parcours entre ce pont et le passage à niveau
"pour la limite des propriétés della Magliana et della Muratella, un autre
"aquéduc outre les trois prescrits, bien qu'il soit posé en un point un tube en terre cuite ;
"disposer les fossés latéraux de manière à faciliter l'écoulement rapide de l'eau provenant

« soin d'infiltration, soin des pluies, qui s'éjournent près du Chemin de fer.

« 15° Pourvoir mieux aux accessoires d'écoulement des fontaines della

« Muratélla, du piquet 69 jusqu'au passage à niveau du piquet 81, où l'aquéduc et le tuyau

« de terre cuite qui y est joint sont insuffisants ;

« 16° Construire l'aquéduc près du piquet 88.

« 17° Ajouter un troisième aquéduc entre les piquets 88 et 102 et régler les

fossés d'écoulement et de décharge.

« 18° Construire l'aquéduc au piquet 118.

« 19° Ajouter un autre aquéduc dans le parcours du fossé della Chavichetta,

« au passage à niveau de la route Porthense, près de Ponte-Galera ; ou bien approfondir et

« élargir le fossé de décharge quand il arrive au-dessous de l'ouvrage à trois ouvertures exécuté entre

« les piquets 112 & 113.

« 20° Compléter les dispositions du passage à niveau susdit, près de Ponte-

« Galera.

« 21° Corriger la chute rapide du nouveau lit del Rio Galera, à

« l'aval du nouveau pont, et diriger mieux le courant vers le pont de la route

« provinciale de Fiumicino.

« 22° Observer fréquemment les petites lézardes qui se manifestent dans le

« nouveau pont de Rio Galera, pour pourvoir à la stabilité du pont si ces fentes venaient à croître.

« 23° Exécuter dans le parcours du chemin depuis le Ponte-Galera jusqu'à

« l'aquéduc entre les piquets 144 et 145 deux aquéducs, avec les fossés de décharge

« nécessaires.

« 24° Construire la maison de garde au passage à niveau du piquet 148, et les autres.

« 25° Démolir la voûte du pont sur le fossé del Bottegone ;

« parcequ'elle est fortement lézardée ; exécuter les renforts nécessaires aux piédroits et murs en

« retour, et pour donner moins de charge à ces piédroits, faire le pont à poutres droites au lieu

« de reconstruire la voûte.

« 26° Del Bottegone au fleuve Arrone, ajouter quelques autres

« aquéducs, ou au moins disposer convenablement les fossés latéraux du chemin de fer qui

« doivent conduire l'eau aux travaux d'art, et les fossés de décharge où n'arrivent ni les

« étanchements supérieurs, ni les eaux portant dommage aux terrains inférieurs ;

« 27° Disposer les écoulements, et construire l'aquéduc manquant

« de l'Arrone au fossé delle tre Canelle.

« 28°= Augmenter la Section du fossé delle tre Canelle en dessous du nouveau
« pont ; de manière qu'il ait une pente régulière.

« 29° Construire, outre celui prescrit, un aquéduc au moins entre les
« fossés del tre Canelle et dei tre Denari.

« 30° Construire sur le fossé di Palidoro, un ponceau nécessaire à
« l'écoulement des eaux, quoiqu'il soit fait, entre les piquets 57 et 58, un aquéduc à
« quatre ouvertures de 0ᵐ 60 chacune.

« 31° Curer, approfondir et rectifier le tortueux fossé de Palidoro,
« en dessous du pont du Chemin de fer pour offrir un débouché aux débordements,
« malgré la section rétrécie au point du nouveau pont indiqué.

« 32°= Augmenter la section du fossé de S. Carlo, en dessous du
« pont du Chemin de fer, autant qu'il sera nécessaire pour rendre utile toute
« l'ouverture assignée à ce pont.

« 33°= Construire la maison de garde pour le passage à niveau, près
« le susdit pont S. Carlo.

« 34° Construire le pont de Communication de la propriété de
« Palidoro, de droite à gauche du fossé de S. Carlo.

« 35°= Construire l'aqueduc qui se trouve entre le fossé de S. Carlo
« et le fossé della Montuccia au piquet 73.

« 36° Ajouter deux aqueducs entre le fossé della Montuccia et
« le fossé delle Statue.

« 37° Augmenter la section du fossé delle Statue, en dessous du
« pont du Chemin de fer, autant qu'il sera nécessaire pour rendre utile le débouché
« donné au pont.

« 38°= Construire quatre aqueducs pour les fossés latéraux du Chemin
« de fer passant sous les deux passages à niveau avant et après le pont sur le
« fossé delle Statue.

« 39° Construire un aqueduc pour le fossé d'écoulement entre les
« piquets 94 & 95, plutôt que de dévier ce fossé.

« 40° Augmenter la section du fossé de décharge du ponceau
« au piquet 102, pour le rendre capable de débiter sans danger pour les terrains

"inférieurs, les eaux qui passent sous le pont.

"41° Exécuter l'enlèvement des traverses défectueuses qui se "trouvent employées dans la voie et préparées dans les dépôts. Prescrire l'injection "des traverses qui ne sont pas en chêne.

"42° Quant aux emprunts faits contre le Chemin de fer, la Société devra "pour les dispositions à prendre, se reporter à l'art. 9 de l'Édit du Secrétaire d'État, du 2 Août "1856, et empêcher les mares d'eau stagnante, insalubres, près de la ligne.

"43° Pour mettre en exécution tout ce qui est prescrit, la Société devra toujours "procéder de concert avec M. l'Ingénieur en Chef de Rome.

"44° La Société devra donner les motifs, pour le changement qu'elle a opéré "dans le système d'attache des rails aux traverses, lequel devait, selon le projet Guérin qui fait la "base de la concession, rappelé art. 2 du cahier des charges, être exécuté au moyen de coussinets, tandis que ceux-ci "sont omis. Dans tous les cas, le Ministre se réserve d'obliger la Société à se conformer "à la méthode prescrite, si l'expérience démontre que le système adopté est inférieur à "la voie avec coussinets, sous le rapport de la stabilité et de la sécurité.

"45° Le Ministre se réserve encore de donner les dispositions ultérieures dont le besoin "se manifestera, par rapport: 1° Au manque de largeur des passages en dessus exécutés ou en cours "d'exécution; 2° au débouché insuffisant de quelques ponts, comme de ceux sur le fleuve Arrone, sur "les fossés de Trencadar, di Palidoro, en delle Statue; 3° au manque de barbacanes et de tubes d'écou-"lement dans les grands ouvrages d'art; 4° aux aqueducs à ajouter, qui seront jugés nécessaires au prompt "écoulement des eaux; 5° enfin à tout ce qui peut regarder la sécurité et la stabilité du chemin de fer, "les intérêts des propriétaires limitrophes et l'accomplissement de la part de la Société de chacun "des articles de la Concession.

Signé: F. Giorgi.

2° Rapport.

"La Société Pio centrale doit exécuter au Chemin de fer de Civita-Vecchia, à partir de Palo, ce qui suit:

"1° Construire de l'ouverture de 2 mètres, prescrite, l'aqueduc au piquet 116 avant Palo, ou "l'établir à deux ouvertures de 1 mètre chacune.

"2° Disposer le passage à niveau de la route nationale Aurélia, au piquet 119, en arrangeant "niveau les rampes de toute la largeur de la route, pourvoir à l'écoulement régulier de l'eau, tant de la route que "du Chemin de fer, l'aqueduc provisoire existant étant presque complètement obstrué.

"3° Construire l'aqueduc entre le piquet 123 et la station de "Palo, avec un mètre d'ouverture, et en faire un semblable près du "piquet 126.

« 4° Compléter le système d'écoulement près le passage à niveau de l'Aurelia, après la station de Palo, et raccorder mieux la station avec la ligne ferrée.

« 5° Recouvrir et doubler en le faisant à deux ouvertures l'aquéduc entre les piquets 138 et 139, qui doit avoir 1m 50 d'ouverture et est seulement fait de 0m 60.

« 6° Reconstruire le pont lézardé sur le torrent Sanguinario, ou au moins le renforcer, en entourant de trois côtés les fondations des piédroits avec une forte enceinte composée de pilotis de chêne d'environ 5m reliés par des palplanches, et exécutant une plate-forme de maçonnerie recouverte avec des cailloux d'environ 1m de hauteur, aussi entourée de pilotis de plus petites dimensions reliés comme les autres; ou bien en construisant deux murs de garde embrassant les piédroits avec un radier général en maçonnerie recouvert de cailloux, de 1m de hauteur.

« 7° Construire en avant du pont Sanguinario un autre travail d'art, correspondant au pont à trois arches de la route nationale, pour séparer le débit de l'eau des trois fossés d'écoulement qui se trouvent avant ce pont.

« 8° Construire un aquéduc de 2 ouvertures accouplées de 0m 60 chacune entre la bruyère de Cerveteri et le fossé Vaccino.

« 9° Relever le pont sur le fossé Vaccino, en élevant le chemin de fer avec une faible pente entre les piquets 157 et 180, sur une longueur de 2200m, et construire au pont un radier recouvert de cailloux d'une épaisseur de 1 metre.

« 10° Porter l'ouverture de l'aquéduc, au piquet 181, de 0m 60e à 1 metre.

« 11° Construire l'aquéduc prescrit entre les piquets 184 et 185, quoique l'on en ait fait un autre entre les piquets 188 et 189.

« 12° Construire l'aquéduc prescrit au piquet 201, bien qu'il en ait été fait un petit sous la rampe du passage à niveau avant le fossé Zambra.

« 13° Construire au pont sur le fossé Zambra un radier comme au pont du fossé Vaccino.

« 14° Reconstruire le pont sur le fossé Turbino, lézardé, en le tenant plus élevé d'un mètre et en le reportant vers Civita Vecchia;

«ou au moins le renforcer comme le pont du Sanguinario, en le relevant

«toujours d'un mètre.

«15° Reconstruire le pont lézardé et de trop faible section, sur le

«fossé del Marchese, en le faisant à deux arches de 4.ᵐ chacune, avec

«radier général.

«16° Organiser les fossés d'écoulement avec les aquéducs nécessaires

«près le passage à niveau de la route nationale au piquet 233; exclure la

«petite déviation vicieuse de la route nationale, qui se voit marquée au plan.

«17° Construire trois aquéducs d'au moins 0.ᵐ 60.ᶜ d'ouverture,

«aux piquets 241, 248 et 263, dans la propriété de S. Severa, dont deux

«avant le fossé Biscavo, et le troisième entre ce fossé et celui delle

«trente Pignalle.

«18° Construire deux aquéducs sur les rigoles entre le piquet

«283 et le fossé Carcari dans la même propriété de S. Severa, où se

«trouve seulement placé un insuffisant tuyau de terre cuite à l'une

«des deux rigoles.

«19° Exécuter mieux la rectification du fossé Carcari près du

«pont sur ce fossé.

«20° Construire après le fossé Carcari, un aquéduc de deux

«ouvertures ayant chacune 0.ᵐ 60ᶜ entre les piquets 7 et 8, qui prenne

«aussi les eaux du fossé près le piquet 8.

«21° Construire le passage par dessus près du piquet 15.

«22° Ajouter au pont sur le torrent Rio-fiume deux ouvrages

«sur les deux fossés tout proches, un de 4.ᵐ d'ouverture sur le premier

«fossé près du piquet 23, l'autre de quatre ouvertures de 1.ᵐ chacune

«au second fossé près du piquet 25; construire un radier recouvert

«de cailloux au pont sur le torrent.

«23° Compléter la déviation à peine commencée du fossé sur

«lequel a été fait le pont neuf.

«24° Exécuter la déviation de la route nationale Aurélia dans

«la bruyère de Valdambrini, avec le passage en dessous au piquet 34,

«selon la ligne tracée en noir au plan, et conformément à l'ordonnance ministériel
«N° 9369 du 22 Août 1858.

«25° Construire l'aquéduc sur le fossé de la Querisa Umana, au
«piquet 46.

«26° Construire un autre aquéduc de 0^{m}60^c près du piquet 53.

«27° Exécuter à la déviation de la route nationale Aurélia la chaussée
«en empierrement; enlever un banc de terre à gauche sur toute la longueur 'de
«la courbe pour rendre plus libre dans le retour supérieur la vue de l'accè du
«passage en dessous; et pourvoir à l'écoulement de l'eau sous le pont au
«moyen des aquéducs latéraux nécessaires débouchant dans un fossé de décharge
«Ces améliorations feront admettre la déviation de la route Aurélia, dérogeant
«en cette partie à l'ordonnance du 20 Août 1858 N° 9369.

«28° Disposer le nouveau lit pour le second torrent, tant au dessous
«qu'au-dessous du nouveau pont.

«29° Construire un pont sur le fossé du 8° mille, pour la
«communication d'une partie de la propriété Castrica Valdambrini, avec
«le pont en dessus à faire près le piquet 65 avant ledit fossé.

«30° Construire le passage en dessus près du piquet 90.

«31° Construire l'autre passage en dessus près du piquet 102.

«32° Présenter au Commissaire un plan exact du torrent Marangone et
«ses affluents, à partir d'au moins 500 mètres au-dessus du Chemin de fer, jusqu'à
«la mer, afin de juger si le pont doit être construit à cinq arches, ou bien quel
«travail sera nécessaire pour conserver le pont construit seulement à trois arche
«avec des piles faibles, lézardées et mal disposé suivant le fil du torrent qui dirige
«son cours principal vers le remblai du Chemin de fer.

«33° Reprendre en sous-œuvre les murs en retour du pont de Malpasso,
«qui ont cédé, et compléter la déviation en accompagnant l'extrémité vers Civita
«Vecchia, d'un fossé à droite sur une longueur de 20 mètres; allonger le mur de soutènement
«qui sépare le fossé de la route, et construire dessus un parapet qui se raccorde avec celui
«du pont actuel de la route Aurélia; poursuivre la défense depuis le pont jusqu'au bout
«du remblai de la déviation, avec une palissade de bois de chêne équarri et peint; construir

« enfin un mur en pente pour garantir la berge gauche du fossé et le piédroit du pont
« de l'Aurélia, du mur en pierres sèches du talus jusqu'au piédroit du susdit pont.

« 34° Reconstruire de l'autre côté du Chemin de fer le magasin des outils
« de la carrière, appartenant à l'Administration du port.

« 35° Régler avec l'inclinaison nécessaire les talus en déblai, le long de la
« déviation de la route nationale Aurélia al Bacc ecco, et exécuter une tranchée dans
« le terrain à gauche pour permettre la vue du pont, à partir du commencement du retour :

« 36° Reconstruire entièrement le pont sur le fossé del Pecoraro lézardé aux
« têtes, à la voute et aux piédroits, avec une solide fondation nécessaire, et reconstruire
« le parapet démoli du pont de la route Aurélia.

37° Examiner fréquemment le pont construit sur le fossé Zampa d'Agnello,
« pour adopter de suite les précautions nécessaires pour assurer la stabilité en cas de mouvements
« ultérieurs.

« 38° Enlever toutes les traverses défectueuses mises en œuvre, trier celles qui sont
« approvisionnées pour l'usage du Chemin de fer, en écarter les mauvaises, et injecter
« toutes celles qui ne sont pas en chêne.

« 39° Pour ce qui regarde les emprunts faits aux environs du Chemin de fer, la
« Société devra avoir égard aux dispositions de l'art. 9 de l'édit du Secrétaire d'État, du
« 2 Août 1858, et assainir toutes les mares d'eau stagnante touchant au Chemin de fer.

40° Pour l'exécution des travaux indiqués, la société devra toujours procéder
« de concert avec l'Ingénieur des eaux et routes de la délégation de Civita Vecchia.

« 41° Le Ministre se réserve de donner ensuite les dispositions ultérieures
« qui seront jugées nécessaires, soit pour les inconvénients qui pourraient résulter
« d'un manque de hauteur dans le niveau de quelques parties du Chemin de fer, ou d'une
« ouverture de hauteur insuffisante donnée aux ponts pour permettre le facile écoulement
« des débordements des cours d'eau, ce qui rendrait probablement le Chemin de fer
« sujet aux inondations, soit pour le besoin d'autres aqueducs, soit pour les passages en dessus
« faits de 3 mètres de largeur au lieu de 4 prescrits par le Cahier des charges, soit sur le
« manque de parapets aux ponts, soit pour le manque de barbacanes et de tubes d'écoulement dans
« les travaux d'art, soit enfin sur tous autres articles regardant la stabilité et la sécurité du
« Chemin de fer, les réclamations à venir des propriétaires limitrophes, et l'exact accomplissement des
« prescriptions du Cahier des charges de la Concession.

Signé F. Giorgi.

Nous avons peut-être abusé de la patience de MM. les arbitres en citant tous ces rapports dans tous leur contexte. Mais nous l'avons cru nécessaire ; ils sont en effet accablants pour M. Collet-Meygret et signalent parfaitement ses négligences.

Ainsi, alors qu'il existe un forfait imposant à l'entrepreneur des conditions plus rudes que celles présentées par le Gouvernement, alors que M. Collet-Meygret n'a qu'à le faire exécuter, il n'en fait rien !

Il faut que ce soit le Gouvernement qui intervienne et signale les mal-façons, il faut que ce soit le Gouvernement qui indique les ponts mal construits, mal fondés et qui sont à refaire en totalité.

Il faut que le Gouvernement montre l'insuffisance des travaux pour conduire les eaux ; de ceux pour défendre le chemin, comme à la Magliana. Il faut que le Gouvernement dévoile les dangers d'inondation pour la voie ferrée.

Le Directeur n'a rien vu, rien ou, et, dans tous les cas, rien signalé. C'est la Compagnie qui est surtout intéressée à ce que les travaux soient bien faits puisque c'est elle qui exploitera pendant quelques années.

Son Directeur ne s'en est pas préoccupé.

Mais alors, pourquoi un Directeur général ?

M. Collet-Meygret, qui n'a pas su empêcher ces détestables travaux, n'a pas même la bonne-foi de reconnaître leur mauvaise confection.

Il les défend.

S'il fallait en croire une note rédigée par lui, deux ouvrages d'art seulement auraient éprouvé quelques avaries, le pont de Magliana et celui de la Pecorare.

La vérité c'est que tous les ouvrages d'art, sans exception, ont éprouvé des mouvements, et pour certains ouvrages, ces mouvements ont été énormes, les uns ont dû être refaits, les autres ont été emportés.

La faute de M. Collet-Meygret est d'autant plus grande, qu'il sait que le prix du forfait laisse un bénéfice énorme à l'Entrepreneur, et que ses travaux n'en devaient être que mieux faits.

Il avait été largement mis en demeure d'être sévère par la correspondance du Conseil d'Administration.

Le 25 Septembre 1858, on lui écrivait :

« On nous signale diverses mal-façons dans les travaux d'art de la ligne de « Civita-Vecchia à Rome, nous vous serions obligés de vous faire dresser un rapport spécial « sur les travaux d'art de cette ligne, rapport dans lequel on constatera l'état actuel. »

M. Collet-Meygret ne fait aucune réponse.

On a vu par les rapports émanés des Ingénieurs du Gouvernement qu'il n'a aucun égard à ces avertissements du Conseil et qu'il laisse pratiquer des travaux détestables.

Le 13 Janvier 1858 :

« Augmentez la surveillance de la ligne de Civita-Vecchia ; elle est « insuffisante dans l'état. »

Aucune réponse.

Le 6 Février :

« Cependant il faut bien surveiller et faire en sorte
« que Debrousse ne profite pas de notre grand désir afin de faire
« mal ou incomplètement ses travaux ... »

« Aucune réponse, aucune mesure ».

Le 6 Mars :

« Tout ceci exige le remaniement de votre personnel d'Ingénieurs, vous avez
« plus d'Ingénieurs de Section qu'il ne vous en faut ; j'en suis heureux pour le moment, car
« j'estime que Bonnet ne peut actuellement suffire à la ligne de
« Civita-Vecchia à Rome, et il vaut mieux diviser cette ligne entre lui et
« un autre.

« Il serait dangereux de restreindre la surveillance de
« 77 Kilomètres dans une seule main. Aussi je vous engage à aviser immé-
« diatement sur ce point. »

Le 22 Mars 1858 :

« M. Bonnet nous a donné les meilleurs preuves de son zèle et de sa capacité,
« mais il ne peut suffire à la direction de la totalité de la ligne de Civita-Vecchia, surtout
« si l'on y joint le raccordement de cette ligne à la gare centrale. Ce qui nous l'indique,
« c'est qu'il n'a pas pu satisfaire à toutes nos demandes pour nous mettre au courant des
« travaux.

« Il conviendrait donc de lui adjoindre un des Ingénieurs de Section que vous avez
« à votre disposition, M. Brethau, par exemple.

« M. Bonnet conserverait la section du Colysée à Palo et M. Brethau
« prendrait la section de Palo à Civita-Vecchia.

« Ce développement que subissent les travaux, leur
« multiplicité, exigent cet accroissement de contrôle.

« Il en résultera également que les Ingénieurs de Section ayant une moindre
« étendue de chantiers à surveiller pourront mieux répondre à nos justes exigences. »

Le 23 Mars 1858 :

« Il m'arrive de divers côtés que les travaux de la ligne
« de Civita-Vecchia ne sont pas aussi bien faits que nous

« pourrions le désirer, surtout les travaux d'art. Je
« suis bien certain qu'il y à là l'exagération qu'on oppose dans toutes les
« affaires qui concernent la Société. Cependant je vous signale ces bruits afin que vous avisiez.

« Je crains que votre surveillance ne soit pas suffisante ;
« il faut l'augmenter.

« Le personnel Italien sera très-bon à cet égard.

« Il vaut mieux dépenser un peu plus et être
« assuré de la bonne confection des travaux.

« Mais vous n'arriverez à rien, je le répète, tant que le service de Civita-Vecchia
« ne sera pas réorganisé. Il est impossible que Bonnet suffise, surtout quand
« les diverses natures de travaux vont se multiplier. Il est essentiel que la surveillance
« de la Compagnie soit de toutes les minutes, de tous les instants.

« Voici l'attention de M. Collet-Meygret qui est largement attiré sur les
« mal-façons.

« Ce qu'il n'a pas fait, il doit le faire, en présence des avertissements du Conseil.
« Non, M. Collet-Meygret laisse l'Entrepreneur continuer ses mauvais travaux.

Le 12 Juin 1858 :

« Manzi est arrivé ; il m'annonce des choses déplorables pour Civita :
« un pont effondré, des ouvriers désertant.

« Je vois bien que ce que j'avais prévu arrive, Bonnet, malgré
« toute sa bonne volonté, ne peut suffire. D'après ce qu'on m'annonce, il ne visite chaque
« semaine qu'une partie de la ligne, de manière, qu'il ne peut en visiter la totalité qu'une fois par mois.

« C'est plus qu'effrayant !

« Pendant que votre surveillance pêche de ce côté, nous avons de l'autre
« des Ingénieurs, comme Bourgoin, qui se promènent en dehors des États
« pontificaux, tandis qu'ils seraient si utiles sur la ligne de Civita-Vecchia. »

Le 24 7bre 1858 :

« Nous vous rappelons d'apporter la plus grande sévérité
« dans l'établissement de la voie de Rome à Civita-Vecchia :

« Vous en connaissez mieux que personne l'importance. »

Rien n'était donc négligé pour déterminer les justes sévérités de M. Collet-Meygret. Comment après
toute cette correspondance qualifier la conduite d'un Directeur général qui a laissé pratiquer de mauvais travaux. Était-ce possible à

le maintenir dans un mandat qu'il a si gravement méconnu.

2°.

Paiements supérieurs à ce qui était dû à l'entrepreneur ordonnés par M. Collet-Meygret, Directeur-général.

1° Le devoir d'un Directeur général vis-à-vis d'un entrepreneur est :

De veiller à ce que les travaux soient bien faits et que les matériaux employés soient de bonne qualité.

De ne jamais mettre la Compagnie à découvert vis-à-vis de l'Entreprise par des paiements supérieurs à ce qui est dû.

M. Collet-Meygret a méconnu le premier devoir, nous venons de le prouver; il a également méconnu le second, nous allons le démontrer.

2° Il était en présence d'un entrepreneur dont les antécédents devaient lui inspirer une certaine méfiance.

En effet, avant d'être entrepreneur de la ligne de Rome à Civita-Vecchia, M. Debrousse avait été entrepreneur des travaux de la Canalisation de l'Èbre.

Or voici ce qu'on lit dans le rapport fait à l'assemblée des Actionnaires de cette Cⁱᵉ en 1859 (Extrait du journal des Chemins de fer.)

« La plus importante de ces questions, et celle qui, par suite, a été traitée « avec le plus de soin et de persévérance ainsi qu'avec la sévérité et la rectitude qu'exigent « les intérêts sociaux, est celle du traité passé avec M. Hubert Debrousse, « l'Entrepreneur des Travaux.

« M.M. les Actionnaires connaissent le traité passé le 6 Juillet 1856, avec « l'autorisation de l'assemblée générale, entre le Dit entrepreneur général et l'administration « de la Compagnie. Aux termes de ce traité, qui déclare résilié le contrat primitif en ce « qui touche les travaux de la partie haute, soit depuis la Magdalena jusqu'à Saragosse, « M. Debrousse s'engageait à livrer pour le premier Novembre, complètement terminés et « en état d'être ouverts à la navigation, les travaux compris entre Mequinenza et la mer. « La sanction de cet engagement, en cas de non-exécution dans le délai fixé, était que M. « Debrousse, lui-même, s'imposerait la résiliation totale du traité et perdrait les bénéfices « qui lui seraient revenus, à dire d'arbitres, pour les travaux déjà éliminés de son acte « primitif, c'est-à-dire pour les travaux de la partie haute.

« Il serait long et fastidieux pour M.M. les Actionnaires d'entreprendre l'exposé

« minutieuse des difficultés et des retards que le Conseil a rencontrés quand il a eu à se faire faire
« la remise des travaux de la partie haute, et les dispositions que la Compagnie se vit obligée
« d'adopter pour l'exécution de cette mesure ; qui n'a pu être effectuée qu'au mois de Septembre.
« Qu'il vous suffise de savoir que pour en venir là, force a été d'ordonner, à la date du 10 Août,
« la suspension de toute remise de fonds destinés à ces travaux et de rendre l'entrepreneur
« strictement responsable de tous les événements qui pourraient survenir dans le
« cas où les travaux seraient arrêtés, et les ouvriers renvoyés des chantiers où ils
« trouvaient leur subsistance.

« En même temps que le Conseil se préparait, en vertu de la résiliation à prendre
« possession de la partie haute, il s'appliquait avec un soin tout particulier à faire régner la plus
« grande activité dans ceux de la partie basse. Mais avant tout, et pour savoir jusqu'à quel point
« on pouvait continuer à remettre des fonds à l'Entrepreneur général, il s'appliqua à se rendre
« compte avec le plus grand soin de la situation économique de celui-ci vis-à-vis de la Cie. Afin
« d'écarter tout dissentiment et toute contestation sur le plus ou moins de valeur des travaux exécutés
« et de ceux à exécuter encore, le Conseil crut devoir prendre pour base de ses calculs l'hypothèse
« qu'on allouerait à l'Entrep. général tout ce qui aurait à lui revenir s'il livrait les travaux
« terminés jusqu'à Méquinenza.

« D'après ces calculs, l'Entrepreneur se trouvait déjà, le 5
« Août 1856, avec un découvert de 22.166 réaux ; or, dans un tel état
« de choses, le Conseil jugea qu'avant tout il était de son pouvoir de s'assurer si
« l'Entrepreneur était en mesure de terminer les travaux à l'aide de ses
« propres deniers, et s'il acceptait le résultat de l'état dressé par l'Ingr. en chef, en
« vertu des instructions qui lui avaient été données. Sans donner une réponse catégorique sur
« le premier point, l'entrepreneur répondit sur le second en produisant de nouveaux calculs ;
« suivant lesquels loin de se trouver en découvert, il prétendait qu'il lui restait à percevoir
« 4.411.966 réaux 88. M. L'Ingénieur Legros, le 6 Septembre 1856, démontra combien
« ces calculs manquaient de fondement.

« Si de graves considérations n'avaient dans ce cas retenu le Conseil, la justice et
« le droit lui conseillaient la suspension immédiate de toute remise de fonds à Mr.
« Debrousse et de demander immédiatement aux Tribunaux l'annulation de son traité.
« Mais comme cela eût entraîné la paralysation complète des travaux précisément à l'époque
« la plus favorable à leur avancement, et qu'en outre l'entrepreneur s'en pouvait faire une

« arme en prétextant qu'on manquait à l'engagement contracté le 5 Juillet-, le Conseil,
« animé du désir d'éviter les préjudices qui auraient pu s'en suivre pour le C.ⁱᵉ voulut laisser
« M. Debrousses en position de remplir les conditions du dit traité, en déterminé par les considérations
« qui ressortent du procès-verbal du 21 7ᵇʳᵉ 1856, il décida que des avances de fonds continueraient
« à être faites à l'Entrepreneur Général.

« La C.ⁱᵉ, on le voit, n'a rien négligé pour que les travaux fussent poursuivis avec
« l'activité nécessaire, et elle n'a rien négligé en ce qui dépendait d'elle pour qu'ils fussent
« achevés dans le délai fixé, tout en veillant à ce que les constructions fussent exécutées avec la
« solidité et le goût qu'imposaient les règles de l'art et les prescriptions du projet. Dans ce but,
« et pour ce qui le concerne, le Conseil n'a cessé d'envoyer à son Ingénieur des instructions énergiques
« et répétées, surtout en ce qui concerne la surveillance des travaux et leur bonne et solide
« exécution.

« Il aura plus loin l'occasion de mentionner toutes les résolutions prises à cet égard.

« Pour le moment qu'il lui suffise de dire que dès le mois de 7ᵇʳᵉ, craignant que
« les conditions mentionnées ci-dessus ne fussent pas remplies et que les travaux ne fussent
« pas suffisamment poussés, il décida qu'une Commission composée de M.M. les Membres
« Eugène Duclerc, Pedro Miranda, accompagnés du Secrétaire G.ᵃˡ de la C.ⁱᵉ, M. Eduardo de
« Carcer, ferait sur les lieux une tournée d'inspection. Le rapport du 10 Octobre, signé par
« M. Miranda, démontre que les craintes du Conseil n'étaient pas sans fondement.

« Aussitôt après le retour de M. Miranda à Madrid, le Conseil reçut sous la
« date du 13 Octobre une communication du fondé de pouvoir de l'Entrepreneur général,
« qui demandait qu'on lui accordât une nouvelle prorogation de quelques jours. Le Conseil
« d'Administration aurait manqué à son devoir et à la confiance que M.M. les Actionnaires
« ont placé en lui si, dépassant ses pouvoirs et modifiant un traité approuvé par l'Assemblée
« générale il avait consenti à cette nouvelle prorogation. Il transmit donc le 19 du
« même mois une réponse négative, et décida qu'il enverrait encore à Tortosa une
« autre Commission prise dans son sein, afin que si au 1ᵉʳ Novembre l'Entrepreneur n'avait
« pas rempli la condition du traité du 5 Juillet; la C.ⁱᵉ prit ces travaux à charge sauf
« à appeler l'Entrepreneur devant les Tribunaux s'il y avait lieu. En même temps il se
« présenta devant le Gouvernement de Sa Majesté. Il lui rendit compte de ce qui
« s'était passé et le 30 8ᵇʳᵉ se réunirent à Tortosa, M. le Gouverneur de la Province,
« M. l'Ingénieur Inspecteur et M. le Contrôleur conjointement avec le Membre

« Délégué du Conseil, M. Pedro Miranda et le Secrétaire G^{al} de la Cie.

« L'Entrepreneur qui se disposait à remettre volontairement et amiablement les
« travaux, fit diverses propositions que le membre Délégué regarda comme inadmissibles ; et
« après avoir proposé la rédaction d'un procès-verbal de remise, qui ne fut pas accepté
« par l'Entrepreneur, il s'adressa au Tribunal de 1ère instance pour obtenir que la
« Cie fut mise en possession des travaux et du matériel existant.

« Le juge prononça dans ce sens, et la Cie ayant pris
« possession légale le 3 dudit mois, l'Entrepreneur et la Cie s'entendirent
« sur la manière de dresser les inventaires du matériel, des machines et des approvisionnements
« en état d'être reçus, ainsi que le métré des travaux à exécuter au moment de la remise. Le
« juge ordonna de son côté la rédaction d'une note descriptive et détaillée des ouvrages sans
« relation au traité. Cette note n'a pu être formulée immédiatement par suite de l'appel
« interjeté par M. Debrousse près la cour de Barcelone qui, par arrêt du 2 Avril
« dernier a confirmé avec dépens le jugement du 13 X^{bre}.

« Cependant le Gouvernement de sa Majesté, sur le vu d'un rapport de
« M. l'Ingénieur Inspecteur qui a visité les travaux, précisément au moment où la Compagnie
« en prenait possession, a cru devoir publier dans le Gaceta du 7 Janvier une
« ordonnance royale de laquelle on pourrait à la première lecture, conclure que la Compagnie
« a montré de la négligence sur un point aussi important que l'est, pour son avenir, la
« bonne exécution des travaux. Le Conseil s'empressa de démontrer à M. le Ministre de
« Fomento que, pour ce qui le concernait, il n'avait jamais cessé de prendre toutes les
« mesures qui étaient en son pouvoir, en égard au caractère spécial du traité relatif aux travaux,
« pour en prévenir la mauvaise Construction ; mais il manquerait à son devoir le plus
« impérieux si, sur un point d'un si haut intérêt, il ne se justifiait pas devant MM.
« les Actionnaires. Pour cela il lui suffira de s'en référer aux onze lettres adressées à son
« Ingénieur, du 17 Août au 22 Décembre, et aux deux mémoires adressés au Ministre de
« Fomento, le 23 7bre et le 13 X^{bre}. Ils prouvent d'une manière bien
« évidente que ce n'est pas le défaut de précautions ni d'ordres répétés et bien explicites
« transmis à l'Ingénieur en Chef, qui a pu causer les malfaçons que le Conseil déplore,
« auxquelles il a eu, temps utile, tenté par tous les moyens possibles de mettre un terme ;
« et qu'il aura d'ici à peu de temps complètement et totalement réparées. A cet
« effet, l'Ingénieur Directeur s'est entendu avec l'Ingénieur chef du District de

« Tarragone, Inspecteur des Travaux.

« Quoique jusqu'à présent il n'ait pas encore été possible de fixer d'une manière
« définitive la situation économique de l'entrepreneur général, vis-à-vis de la Cie, le
« Conseil d'Administration a cru ne devoir lui allouer absolument aucun à-compte
« pour les travaux exécutés jusqu'à ce qu'on voie clairement quels sont les travaux suscep-
« tibles d'être reçus et ceux qui doivent être refusés. De l'état de situation qui
« a été dressé dans la supposition que tous les travaux de la partie
« basse seraient terminés, il résulte que M. Debrousse est à
« découvert de 4.361.486,03 réaux de veillon, d'où il aura à
« déduire la valeur de son matériel dont il a fait la remise.

« En revanche, il faudra grossir le montant des ouvrages
« qui restent à construire, celui des ouvrages à réparer ou à
« reconstruire à nouveau, et la valeur des expropriations de terrains
« et des indemnités pour dommages qui n'ont pas été payées par lui ;
« le tout cependant en lui tenant compte, ainsi qu'il est juste des sommes qui doivent
« lui être allouées pour les travaux qu'il justifiera n'être pas compris dans le traité
« primitif. Tout cela ne pourra être définitivement arrêté et il ne pourra être procédé
« à la liquidation finale jusqu'à ce que les ingénieurs du gouvernement aient désigné les
« ouvrages à réparer.

« Le Conseil, néanmoins, présumant que la somme à laquelle s'élève
« aujourd'hui la garantie fournie par M. Debrousse ne doit pas atteindre à celle
« dont il sera reconnu définitivement débiteur envers la Compagnie, a introduit
« devant le tribunal de première instance de Tortosa une demande tendant à obtenir
« la retenue préventive de toutes les valeurs que possède M. Debrousse, soit comme
« actionnaire, soit comme particulier.

M. Collet-Meygret, qui recevait le journal des Chemins de fer, connaissait ce rapport ; il savait en conséquence que M. Debrousse, après s'être fait payer des sommes supérieures à ce qui lui était dû, avait déserté les travaux, et qu'on avait découvert une multitude de malfaçons. Il devait donc être en garde.

3° Le traité passé avec M. Debrousse fixait à 12.600.000 fr. le prix de son forfait pour la construction de la ligne de Rome à Civita-Vecchia,

L'art. 33 du dit traité à forfait disposait ainsi qu'il suit :

« Cette somme lui sera payée par à-compte mensuels à Civita-Vecchia, à Rome ou
« à Paris, en espèces ou en valeurs de monnaie publique.

« Ces à-compte seront établis d'après des situations dressées contradictoirement,
« quinze jours avant le paiement, entre les agents du Sieur Debrousse et les fonctionnaires
« de la Compagnie, ou à Paris, quinze jours après.

« Une retenue de 1/20 sera exercée sur le montant de chaque situation
mensuelle pour se cumuler avec les retenues antérieures jusqu'à concurrence d'un chiffre
« de 400.000ᶠ au delà duquel elle cessera de croître.

L'Article 36 :

« Les situations mentionnées à l'art. 33 seront établies d'après des séries
« de prix conventionnelles que les parties contractantes dresseront d'accord dès le début
« de l'Entreprise en en prenant pour base le prix total du forfait. Toutefois, lorsque
« la construction du chemin sera avancée à plus de moitié, on prendra pour
« base d'évaluation non plus les approvisionnements et les travaux faits, mais l'ensemble
« de ceux restant à faire. »

En conséquence, une série conventionnelle avait été dressée, et on avait
réparti dans cette série le prix du forfait sur les diverses natures de travaux.

Les situations se dressaient chaque mois d'après les travaux faits, en
déduction faite des sommes payées en vertu des situations ; la somme restant
à payer sur le prix du forfait devait représenter les travaux restant à faire.

M. Debrousse ne devait donc jamais recevoir de paiements
représentant une somme supérieure et proportionnelle à ce qui avait été fait

4° Cependant, quand les administrateurs se rendirent à Rome
en Décembre dernier, on venait, au commencement du mois, sur la proposition de
M. Collet-Meygret, de payer une situation de travaux arrêtée au 25 8ᵇʳᵉ 1858.

Or on se trouvait avoir payé à M. Debrousse une Somme
de . . . . 11.431.954ᶠ "

Plus on était de cet entrepreneur créancier, pour
engagements pris vis-à-vis de ses fournisseurs, de la somme
de . . . . 321.000ᶠ "

Ce qui produisait un total de 11.752.954ᶠ 00

Il semblait donc que M. Debrousse avait, seulement, pour moins d'un million de travaux à achever au 25 Octobre 1858.

Or il en avait en réalité pour Deux millions environ.

On avait donc payé trop.

Dans quel but ? Pourquoi ?

On laisse faire des travaux détestables et on paie plus qu'il n'est dû. Il faut bien le confesser, la responsabilité de M. Collet-Meygret s'aggrave de plus en plus :

Les Administrateurs arrivés à Rome s'aperçoivent aussitôt de cette position dangereuse vis-à-vis de l'entrepreneur. Ils font dresser une situation des travaux : Cette situation que nous produisons ; qui a été signée par M. Bonnet, ingénieur de section, et par M. Collet-Meygret, Directeur-général, constatait qu'on avait payé en excédant la somme de 733.963ᶠ 10

à laquelle somme il fallait ajouter, 1° les sommes payées pour acquisitions de terrains ; bien qu'elles ne fussent pas dues, ainsi que nous le justifierons ci-après, soit 497.729ᶠ 12

2° Une somme de 450.000ᶠ nécessaire pour garantir le montant d'une opposition formée par le Colonel Pourcet, ci .. 450.000ᶠ .

Total 1.681.692ᶠ 22

Ainsi on avait payé en trop la Somme de 1.681.692ᶠ 22ᶜ.

Il faut aussitôt aviser, forcer l'entrepreneur à continuer de travailler ; afin que les nouveaux travaux puissent couvrir le Découvert.

M. Collet-Meygret était arrivé à créer précisément à M. Debrousse, la même position que celui-ci avait prise à l'Èbre, et par conséquent il exposait la Société des Chemins de fer Romains aux mêmes embarras qui avaient été éprouvés par la Cⁱᵉ de la Canalisation de l'Èbre.

L'entrepreneur qui avait touché les espèces de la Société n'entendait plus s'en dessaisir par des travaux.

Quand il voit qu'on ne lui paiera plus d'à-compte sur les erremens posés si avantageusement pour lui par M. Collet-Meygret, alors il déclare qu'il va cesser les travaux : c'était recommencer ce qu'il avait fait à l'Èbre c'était ce que M. Collet-Meygret aurait dû prévoir et ce que les

Administrateurs avaient trop bien compris quand ils avaient reconnu qu'on était à découvert vis-à-vis de lui.

En effet, Mr. Debrousse mettant sa menace à exécution commence à renvoyer des ouvriers et à les faire rassembler en groupes menaçants autour du siège de la Cⁱᵉ place de la Pilotta. La Société est obligée d'en appeler au Général de Goyon, qui force Mr. Debrousse à s'abstenir de tous nouveaux renvois d'ouvriers.

Quartier Général, Rome, 12 Janvier 1859

Division française
  en Italie
Cabinet du Général Cᵗᵉ en Chef.

————

Monsieur,

" Mes renseignements de police me font connaître que des ouvriers renvoyés
" des chantiers du Chemin de fer de Civita Vecchia à Rome sont dirigés sur l'Établissement
" de l'Administration pour réclamer un ouvrage que l'entreprise prétend ne pouvoir plus
" leur donner. Je n'ai pas à intervenir entre l'Administration et les employés de l'Entreprise,
" mais j'ai pour devoir de maintenir et d'assurer au besoin la tranquillité à Rome et ce
" devoir je le remplirai quelles que soient les difficultés qui pourraient se présenter. Ces
" rassemblements d'ouvriers pouvant occasionner des troubles, je consigne des Casernes pour
" avoir au besoin des moyens d'action immédiate et vous prie de faire connaître à votre
" Entrepreneur, M. Debrousse, qu'en agissant comme il le fait il s'expose à être considéré
" comme un instigateur de désordre et à subir les conséquences de cette
" position. Sa qualité de Français me fait un devoir de convenance de l'instruire de
" ce qui peut le menacer, mais qu'il ne prenne pas cet avertissement
" pour une faiblesse, car je suis d'autant plus fort et d'autant plus porté à
" agir avec vigueur que j'aurai été plus obligeant ou bienveillant.
" Veuillez lui faire donner Communication de cet avertissement. Je sais
" quelle est la conduite de l'Administration dans ces circonstances, je ne puis que l'en remercier
" et féliciter, car elle fait tout pour éviter les désordres que l'Entreprise semble
" vouloir provoquer.

" Recevez, Monsieur, l'assurance de ma considération

« Distinguée et Dévouée ».

Le Général de Division
Signé : Comte de Goyon.
Aide-de-Camp de l'Empereur.

Dès lors ne pouvant renvoyer ses ouvriers, privé de l'arme de la menace et de la révolte, M. Debrousse fut obligé de les faire travailler :

Pour s'assurer que ce travail serait maintenu dans les mêmes limites, la Société forma devant le Gouvernement pontifical une demande de mise en régie, et obtint plusieurs visites des Ingénieurs du Gouvernement, afin de constater si l'accélération donnée aux travaux par le Sr Debrousse était suffisante pour assurer l'achèvement de la construction dans les délais fixés au traité à forfait.

Pour se soustraire à cette mise en régie, Debrousse dut donc bien à regret, conserver sous cette pression l'activité de ses chantiers.

C'est ainsi que Debrousse a dû travailler depuis le 25 Octobre et ainsi couvrir la société des sommes qu'il avait touchées en trop.

Ces travaux ont été conduits avec une activité jusqu'à ce moment inconnue ; cependant une situation dressée le 17 Février par M. Bonnet et M. Larivière constatait que M. Debrousse avait encore à son débit la somme de 893.478f touchés en trop dès la situation d'Octobre 1858.

Voici en effet le résumé de la situation dressée au 17 février 1859 :

« Le présent décompte des sommes restant dues par l'Entrepreneur sur le « montant des travaux exécutés et fournitures faites depuis le commencement de l'entreprise « jusqu'à la date du 17 février 1859, s'élevant à la somme de huit cent quatre « vingt treize mille quatre cent soixante dix huit francs, « quatre-vingt huit Centimes, dressé et certifié par l'Ingénieur soussigné, sous « réserve d'approbation par le Conseil d'Administration.

« à Rome le 18 Mars 1859.

« Signé : Bonnet. »

Ce que nous venons d'exposer montre combien M. Collet-Meygret avait compromis la Société par des paiements prématurés et quels efforts il a fallu faire pour parer aux dangers qu'il avait déterminés :

Les résultats n'en ont pas été moins terribles pour la Société. L'Entrepreneur a cherché à défendre par des procès ce qu'il avait conquis par habileté et par la faiblesse de M. Collet-Meygret. Le bon droit lui manquant, il a appelé à son aide la Calomnie, et comme la calomnie fait toujours son chemin, quelques évidents que soient les mensonges, il en est résulté un préjudice réel qui est imputable à M. Collet-Meygret.

Nous avons prouvé la faute, il faut indiquer quelques-uns des éléments qui l'ont déterminée.

Nous ne pouvons prendre la situation du 25 8bre et montrer ses exagérations chiffre par chiffre, mais nous allons exposer deux causes notables de l'exagération de la situation.

3°.
Cube des terrassements.

Nous avons déjà indiqué comment se dressaient les situations Debrousse, pour le paiement des à-compte.

Elles s'établissaient d'après la série conventionnelle formant répartition du prix du forfait sur les diverses natures de travaux.

Dans la série conventionnelle on avait appliqué 3.060.000ᶠ aux terrassements. Ces 3.060.000ᶠ étaient à répartir sur la quantité précise du cube à faire, de manière à déterminer la somme appliquée à chaque mètre cube de terrassement. Mais quand on dressa la série, le cube de terrassement ne pouvait être encore déterminé, parceque les projets n'étaient pas achevés, et qu'on n'avait pas encore levé les profils en travers.

En conséquence on dut arrêter un cube de terrassement approximatif, il fut apprécié provisoirement à 850.000 mètres cubes, ce qui à raison de 3.060.000ᶠ attribués aux terrassements donnait 3ᶠ60ᶜ par mètre cube.

Mais en portant ces chiffres de 850.000ᵐ et de 3ᶠ60 le mètre cube, on déclarait que : « le cube de 850.000 mètres et par conséquent le prix de « 3ᶠ60ᶜ étaient sujets à une révision ultérieure que la Société et l'Entrepreneur « opèreront contradictoirement lorsque le projet des terrassements aura été définitivement « arrêté. »

En dressant les situations, l'attention du Directeur Général devait donc être attirée sur ce chiffre ?

Il devait savoir si le chiffre réel des terrassements dépasserait le nombre de 850.000 mètres cubes. En effet, si ce chiffre excédait, le prix du mètre cube descendrait proportionnellement de 3f 60c à un chiffre inférieur.

Dès lors, dans cette occurrence, il y avait intérêt à ne pas continuer à porter dans les situations les terrassements à raison de 3f 60c mais à les fixer à leur valeur réelle, afin de ne pas payer trop à l'Entrepreneur, et de ne pas se trouver à un moment quelconque à découvert.

Si au contraire le chiffre de 850.000m3 n'était pas atteint, on pourrait sans danger conserver le prix de 3f 60c.

Le Directeur général devait donc se préoccuper de savoir les quantités réelles de terrassements à opérer.

Il n'en fit rien.

Le Conseil d'Administration s'en préoccupait.

Dès le 21 Novembre 1857, il écrivait à M. Collet-Meygret :

.... « Lorsqu'en dressant la série de « prix conventionnels pour les travaux et fournitures de la ligne de Rome à « Civita-Vecchia, une somme de 3.060.000f fut allouée pour les terrassements, on « évalua d'une manière approximative à 850.000m3 la quantité totale des « terrassements afin de pouvoir établir le prix unitaire de chaque mètre cube, soit 3f.60c.

« Mais l'on ajouta à l'art. 1 du Chapitre 2 de ladite série conventionnelle « que « le chiffre de 850.000m3 et par suite le prix de 3f 60 étaient sujets à une « révision ultérieure que la Société et l'Entrepreneur opéreraient contradictoirement « lorsque le projet des terrassements serait définitivement arrêté...

« Maintenant que le projet définitif de la ligne de Rome « à Civita-Vecchia a été approuvé par le Gouvernement pontifical, je « dois présumer que le cube des terrassements a été établi d'une manière « exacte.

« Or, si ce cube est moindre que 850.000m il n'y a pas lieu de « nous en préoccuper.

« Mais s'il dépasse ce chiffre, vous comprenez bien, M. le Directeur « général, qu'il est urgent de reviser la série de prix, et de répartir

« le reste non-payé de la somme ci-dessus de 3.060.000 f. entre le
« nombre de mètres cubes de terrassements restant encore à exécuter ».

          Du même jour :

. . . . « Il importe que le Conseil d'Administration
« connaisse le cube des terrassements à faire par chaque kilomètre de nos lignes, afin
« que lorsqu'on reçoit les métrés dressés par les Ingénieurs de Section, on puisse apprécier les
« quantités comparatives de travaux qui ont été exécutés et qui restent
« à faire.

          « Je viens donc vous prier, M. le Directeur-Général de vouloir bien m'envoyer
« un état détaillé du cube des terrassements, kilomètre par kilomètre.

          « Ce travail doit être fait déjà pour la Section de Rome à Civita-Vecchia.

          Cette demande va se répéter pendant quinze mois consécutifs sans que le
Conseil puisse obtenir satisfaction de son Directeur-Général.

          Le 28 9bre 1857, M. Collet-Meygret répondait :

          « J'espère pouvoir vous adresser par le Courrier de Samedi prochain les
« états que vous me demandez, des travaux d'art, de terrassements de la ligne de Rome
« à Civita-Vecchia. »

          Il n'en fit rien.

          Le 19 Décembre 1857, nouvelles lettres :

. . . . « Nous avons reçu le décompte du paiement
« à faire à l'Entrepreneur Debrousse pour le mois de Novembre dernier, s'élevant à
« la somme de . . . . 383.089 f. 92 c.

          « Nous avons remarqué que les terrassements sont évalués au même
« prix qu'auparavant, savoir 3 f. 60 c. le mètre cube.

          « Nous vous rappelons à ce sujet la lettre que nous vous avons
« adressée, en date du 21 9bre N° 868, par laquelle nous vous faisions observer que si,
« par suite de l'approbation du projet définitif de la ligne de Civita-Vecchia, le cube
« total des terrassements dépassait le chiffre de 850.000 m3 prévu d'abord
« d'une manière approximative, il serait urgent de diminuer proportionnelle-
« ment le prix de 3 f. 60 par mètre cube fixé dans la série conventionnelle.

          « N'ayant pas reçu de réponse à cette lettre, nous vous prions
« M. le Directeur Général, de vouloir bien nous indiquer exactement le chiffre

« __total des terrassements__ pour la ligne de Civita-Vecchia. »

   « Du même jour » :

  . . . . « Ma lettre du 21 9bre 1857 N° 867, à laquelle « je vous prie de vous reporter contenait une demande relativement aux cubes de terrassements.

   « Aujourd'hui, je viens vous confirmer cette lettre dont l'exécution est très - « nécessaire au Conseil d'administration, au point de vue de la connaissance exacte qu'il « désire avoir de la situation courante de nos travaux. »

   M. Collet-Meygret n'a répondu ni à l'une ni à l'autre de ces deux lettres.

   On en verra tout-à-l'heure les résultats.

   Le 13 février 1858 :

  . . . . « Nous vous rappelons que vous devez nous envoyer le « cube détaillé des terrassements de la ligne de Rome à Civita-Vecchia. »

   M. Collet-Meygret persiste à ne rien envoyer.

   Le 2 Mars :

  . . . . . « nous saisissons cette occasion pour vous rappeler que nous « vous avons prié plusieurs fois de faire réviser aux termes de l'art. 1er « de la série conventionnelle, le cube des terrassements fixé provisoirement « à 850.000m.c et le prix y relatif de 3f.60c. le mètre.

   « Il nous semble qu'il est important de connaître enfin quel « est le chiffre total qui doit être alloué aux terrassements, tels qu'ils « résultent du projet définitif.

   Le 20 Mars 1858, M. Collet-Meygret se décide à répondre :

  . . . . « J'aurais désiré joindre à ce profil le calcul des terrassements que vous « me __demandez en vain__ depuis deux mois.

   « Vous eussiez pu ainsi vous rendre compte beaucoup plus exactement de la « situation des travaux. Mais la promesse qui m'a été faite par M. Debrousse « n'a pas été tenue. De mon côté, je ne puis pas faire ce travail sans avoir au moins « les profils en travers d'exécution de la ligne. Pour les relever les rapporter en les calculer « il faudrait un travail de dix employés pendant plusieurs mois. C'est donc chose « tout-à-fait impossible à tenter, et j'en suis réduit à ne pas fournir encore « les pièces que vous réclamez. »

« J'espère cependant que la remise des calculs des terrassements ne saurait « tarder bien longtemps. Ce qui me donne cette confiance, c'est que le cube « définitif sera inférieur au cube prévu a que, par conséquent, l'entrepre- « neur aura intérêt à l'introduire dans la série de prix conventionnelle. »

Cette lettre est accablante pour M. Collet-Meygret ; en effet, elle suffit pour le faire condamner, et est de nature à éclairer singulièrement le tribunal arbitral.

On a vu, en effet, le désir qu'avait le Conseil d'Administration de connaître le cube des terrassements et l'intérêt qu'il signalait.

Que répond M. Collet-Meygret ?

Que M. Debrousse ne lui a pas fourni les profils en travers.

Mais cela seul doit l'éclairer. Si M. Debrousse ne fournit pas les profils en travers destinés à permettre d'établir le cube des terrassements, c'est qu'il y a intérêt, qu'il sait que la révision lui sera désavantageuse. Dès lors M. Collet-Meygret doit les exiger, le forcer ; il le peut ; le traité à forfait dispose ainsi :

Art. 6. Le Sr Debrousse devra remettre à la Compagnie une expédition « de tous les plans, dessins et documents dressés pour l'exécution de son traité. »

Si M. Debrousse refuse, M. Collet-Meygret peut le contraindre ; il suffit de lui déclarer qu'aucune situation de travaux ne sera faite tant que M. Debrousse n'aura pas fourni ces projets, ou bien encore que les terrassements ne seront pas compris aux situations jusqu'à ce qu'on ait pu en déterminer le prix exact.

Qu'a-t-il fait ?

Où sont les sommations adressées à M. Debrousse ?

Il y a plus, et nous devons signaler une circonstance écrasante pour M. Collet-Meygret.

La série conventionnelle réservait une somme (40.000 f.) pour les projets de terrassement. Évidemment, cette somme ne devait être portée aux situations et payée à M. Debrousse que s'il avait remis les projets complets.

Or, si nous prenons la situation arrêtée en Mars 1858, par M. Collet-Meygret, nous y voyons portés les 40.000 f. compris à la série pour les projets de terrassements.

Donc, M. Collet-Meygret avait ces projets, c'est-à-dire ces profils.

en travers et calculs de terrassements ».

Et il écrit qu'il ne les a pas !

Et il refuse de les fournir au conseil qui les réclame !

Nous signalons sa conduite et nous nous en rapportons à l'interprétation de MM. les Arbitres.

Un mot encore, cependant : pourquoi cette exagération de M. Collet-Meygret, que pour relever et calculer les terrassements, il aurait fallu dix employés en plusieurs mois de travail ? Il est parfaitement notoire que six employés et quinze jours auraient suffi. M. Collet-Meygret aurait voulu empêcher la Cⁱᵉ de lui prescrire de faire le travail par lui-même qu'il n'aurait pas procédé autrement :

On comprend que cette lettre était rédigée de manière à rassurer le Conseil, puisque son Directeur lui affirmait, sous sa responsabilité, que le chiffre des terrassements n'atteindrait pas 850.000 mètres ; dès lors, la Société n'avait pas intérêt à faire réviser le chiffre de 3ᶠ 60, qui, dans cette hypothèse ne pourrait qu'augmenter.

Évidemment, M. Collet-Meygret si bien averti, engagé d'ailleurs par sa lettre du 20 Mars, procèderait immédiatement à la révision si une circonstance quelconque venait augmenter le chiffre des terrassements.

Telle devait être la pensée du Conseil :

Le 25 Mai 1858, néanmoins, une nouvelle lettre est adressée au Directeur :

. . . .

« Nous vous prions de vouloir bien nous faire adresser :
« 1° Le profil de Rome à Civita-Vecchia

. . . .

« Nous vous rappelons également que depuis longtemps nous vous réclamons le « profil en travers, ainsi que le cube des terrassements. »

. . . .

Le 29 Mai, le Directeur répond :

« Vous me demandez, en outre, d'inscrire en regard de chaque tranchée ou remblai les « cubes faits et ceux restant à faire. Il me sera toujours difficile de satisfaire à votre demande à cet égard. En « effet, les cubes faits sont inscrits dans la situation irrégulière avec métré exact dressé le 25 Avⁱ, et il n'en sera pas fait d'autre avant le 25 Juin.

« La situation au 25 Mai s'établit par des approximations basées sur des
« quantités de journées employées par groupes ou chantiers, composés de plusieurs déblais
« ou remblais, ainsi que vous pouvez le voir par le rapport hebdomaire des terrassements…

. . . .

« Ces chiffres ne sont réellement que des approximations s'éloignant peu de la
« réalité. Mais ils ne sont pas rigoureusement exacts. »

Il élude ainsi l'envoi du cube exact des terrassements à faire et des profils en
travers qui auraient pu permettre de les déterminer.

Il n'envoie rien, et cependant ils sont portés dans la situation, payés et par
conséquent dans les mains de Monsieur Collet-Meygret.

En Novembre, dans une dépêche télégraphique on lui demande le cube exact
des terrassements faits et de ceux restant à faire.

Il ne répond pas.

Le 27 Novembre, la Société lui adresse la lettre suivante :

. . . .

« Le Comité de Direction a reçu en réponse de sa dépêche du 19 Novembre le
« rapport de M. Bonnet et le tableau à l'appui relatif aux travaux qui restent à
« faire pour pouvoir livrer à l'exploitation la ligne de Civita-Vecchia.

« Les renseignements qu'il a trouvés dans ces deux documents l'ont doulou-
« reusement impressionné.

« En effet, une première fois, sur votre déclaration, nous avons annoncé la mise
« en exploitation pour le mois d'Août, l'événement a démenti notre promesse.

« Ainsi, lorsque M. Lévy, l'un de nous, s'est rendu à Rome, nous avons
« dû espérer qu'éclairé par le passé, les promesses que vous nous feriez seraient cette fois
« définitivement remplies. C'est donc après avoir conféré avec vous et après avoir reçu vos
« assurances réitérées, que M. Lévy a promis à Sa Sainteté, l'ouverture pour le 8 Décembre.

« Aujourd'hui vos rapports établissent que la ligne ne sera pas terminée avant
« un délai de 2 mois au minimum.

« C'est là un résultat désastreux.

« Quelle sera la considération dont jouira la Société auprès du Gouvernement
« pontifical et du public si les faits viennent ainsi constamment démentir ses promesses.

« Nous vous avons toujours recommandé la plus grande sévérité vis-à-vis de
« l'Entrepreneur. Nous vous avons indiqué le moyen coercitif que vous possédez contre lui.
C'était de refuser d'admettre aux situations les travaux mal faits.

« Vous pouvez surtout vous donner une base de refus indiscutable
« en allant vous-même, avec les Ingénieurs du Gouvernement, examiner les
« travaux en leur faisant indiquer les mal-façons.

« Rien n'a été fait à cet égard et des mal-façons graves se
« révèlent, lesquelles seraient de nature à amener des difficultés de la
« part du Gouvernement au moment de l'ouverture.

« Il faut y aviser immédiatement.

« Nous vous conjurons donc de vouloir bien prendre les mesures nécessaires
« pour déterminer l'entrepreneur à mettre la plus grande activité dans les travaux.

« Vous avez un engagement sérieux de sa part, que vous pourrez invoquer en
« toute occasion, ce sont les débours considérables qu'il nous a fait faire pour la
« fourniture du matériel fixe et du matériel roulant. Ces débours ne
« devaient être faits par nous, qu'autant que les travaux marcheraient
« de manière à pouvoir utiliser ce matériel.

« Nous vous prions en outre de prendre vos mesures pour que les
« travaux soient examinés au fur et à mesure par les ingénieurs du Gouver-
« nement, de sorte que nous soyons assurés de ne rencontrer aucune difficulté
« au dernier moment.

« M. Debrousse doit, dès à présent, être mis en demeure d'avoir à
« refaire ou à compléter les travaux suivant les indications des ingénieurs
« pontificaux.

« Vous devrez faire expressément vos réserves pour le préjudice qui en
« résulterait.

« Le tableau que vous nous aviez adressé indique bien les quantités de
« travaux en terrassement et travaux d'art qui restaient à faire, mais cela est
« insuffisant. Nous avons besoin de savoir la manière dont se répartissent
« ces travaux sur les différents points de la ligne.

« Ainsi, nous vous prions de vouloir bien nous indiquer, Kilomètre
« par Kilomètre, la situation de la ligne à partir de la gare provisoire

de Rome jusqu'à la ligne de Civita Vecchia.

« Nous vous prions également de vouloir bien nous préciser la durée des travaux
« pour pouvoir livrer à l'exploitation la partie entre Rome et Palo.

« Si nous ne pouvons remplir nos promesses pour la totalité de la ligne de Rome
« à Civita-Vecchia, nous devons au moins chercher à montrer notre bonne volonté en livrant
« à l'exploitation une partie de notre ligne. »

M. Collet reçoit communication de cette lettre :

Il demande à l'administrateur-délégué à Rome de ne pas la lui
remettre officiellement :

Pourquoi ?

Nous en sommes encore à reconnaître le motif.

Ce qui est certain, c'est que si M. Collet-Meygret eût obéi à cette lettre,
au lieu du renseignement problématique résultant du rapport de M. Bonnet lequel n'étant étayé sur
aucune vérification il aurait envoyé aussitôt au Conseil le chiffre des terrassements faits et celui des terrass.ts restant à faire.

On aurait vu alors que le cube des terrassements, au lieu de n'être que
de 850.000 mètres, s'élevait à 1.100.000 mètres, que dès lors le prix de 3.60
porté dans la série devait éprouver une diminution proportionnelle.

Le chiffre des à-compte à payer à M. Debrousse eût été d'autant
diminué.

Au lieu de répondre à la lettre du 27 Novembre arrivée à Rome à peu
près le 30 ou 1.er D.bre, M. Collet-Meygret arrête le 6 X.bre la situation au 25
Octobre dans laquelle il fait figurer 835.000 mètres de terrassements payés à 3.60
le mètre ; de telle façon que le chiffre réservé dans la série pour les terrassements
va se trouver absorbé, tandis qu'il reste 300.000 mètres cubes.

Comment expliquer un pareil acte après la correspondance du
Conseil.

Pourquoi avoir demandé à l'Administrateur de Rome la suppression
de la lettre du 27 Novembre, qui était de nature à empêcher le paiement de la
situation arrêtée par M. Collet-Meygret le 6 Décembre ?

On cherche, sans pouvoir s'expliquer d'une manière naturelle des faits
aussi étranges.

Quoiqu'il en soit, ils constituent au moins la désobéissance au Conseil

« ont compromis gravement la Société.

M. Collet-Meygret a compris la gravité de ce grief, il ne pouvait se disculper d'une manière directe et sérieuse.

Il a cherché une équivoque

En dressant la situation du 25 Octobre, - a-t-il dit, j'ai obéi à une lettre du 16 8bre qui m'ordonnait d'appliquer la série.

L'explication fera cesser l'équivoque et constituera une nouvelle charge contre M. Collet-Meygret

Aux termes du traité fait avec M. Debrousse il était dit que quand la construction serait arrivée à moitié, la série conventionnelle serait revisée de manière à prendre pour base d'évaluation les travaux restant à faire.

Le 13 Juillet 1858, M. Collet-Meygret écrit au Conseil :

« J'ai l'honneur de vous adresser copie de la lettre par laquelle M. Debrousse demande, aux termes de son traité, que la « série de prix soit revisée attendu qu'il a exécuté plus de la moitié des travaux.

« Cette demande nous a paru juste, et dans une conférence à laquelle assistait M. Mirès, il était convenu que nous « rions procéder contradictoirement avec l'entrepreneur général au métré des travaux restant à faire et que je vous transmettrais ce métré « avec des propositions de prix dans lesquelles la valeur réelle des travaux restant à faire serait rehaussée d'une quantité proportionnelle « au bénéfice général de l'entreprise.

Le 20 Juillet, le Conseil écrit qu'avant de répondre à la demande de M. Debrousse, il désirerait connaître les conséquences de cette demande.

En effet, à Rome comme à Paris, le Conseil instruit par les précédents de l'Ebre, voulait conserver entre ses mains la plus forte somme possible afin de s'assurer une garantie de l'exécution de son traité par Debrousse ; aussi le Conseil désirait préalablement connaître si la révision lui serait avantageuse ou préjudiciable.

M. Collet-Meygret envoie un travail d'après lequel il y aurait, d'après sa révision, à payer immédiatement plus de 700.000 f. à M. Debrousse

C'est-à-dire qu'au lieu d'augmenter la garantie contre l'entrepreneur on allait se découvrir tout à fait.

Le Conseil déserté par son Directeur, cherche alors à se défendre lui-même contre l'entrepreneur ; il discute, négocie avec lui et arrive à modifier seulement deux chiffres de la série conventionnelle ; on augmente le prix des traverses et on diminue du même chiffre le prix du ballast, On ne fait aucune autre modification.

Le Directeur Général avait écrit que la demande de révision de M. Debrousse était juste, et qu'elle devait conduire à lui payer immédiatement 700.000 francs.

Le Conseil fait un changement qui ne peut procurer qu'une différence de 200.000 f environ, Il adresse alors le 17 8bre cette lettre au Directeur :

« Nous vous communiquons ci-joint une lettre adressée à M. Debrousse, en par laquelle, d'accord avec cet entrepreneur, nous « modifions la série des prix actuellement en vigueur en ce qui concerne les prix des travaux et du ballast.

« Nous vous prions de bien vouloir tenir compte de ces modifications en
« établissant les prochaines situations de l'entreprise de Rome à Civita-Vecchia. »

. . . .

Qu'en résulte-t-il ?

Que le Directeur a persisté à laisser le Conseil dans l'erreur
créée par sa lettre du 20 Mars, sur le cube des terrassements.

Que le Conseil, déserté par son Directeur général, a
dû se défendre lui-même contre les prétentions de l'Entrepreneur.

Mais où M. Collet-Meygret voit-il une excuse à sa
conduite dans ce point ?

Nous n'y voyons qu'une aggravation, car nous voyons
que les conclusions de M. Collet-Meygret ont été abandonnées par
l'entrepreneur lui-même, tandis que, si on avait suivi M. Collet-Meygret
sur la route indiquée par lui on se découvrait d'une somme de
500,000 francs en plus.

Ce premier élément de l'exagération de la situation du 25
Octobre étant précisé, nous pouvons passer à un autre.

4°
Prix des terrains portés dans les situations.

Le traité à forfait disposait que les prix des terrains achetés
par M. Debrousse pour établir le chemin ne seraient portés en situation
que quand il justifierait d'actes réguliers.

Au début, croyant à la bonne foi de M. Debrousse, le Conseil
avait autorisé que sans justification de dépôt dans une caisse publique,
on portât dans les situations le prix des terrains jusqu'à concurrence
de la quantité nécessaire pour l'établissement de la voie sur 27 Kilomètres.

Mais il était convenu que cette tolérance ne serait
que temporaire, et que, dans un bref délai, M. Debrousse rappor-
terait des actes réguliers.

M. Debrousse n'en a rien fait.

Il n'a pas encore rapporté un seul acte régulier.

Le Conseil a alors intimé au Directeur général de supprimer le prix des terrains des situations.

Le Directeur n'a pas obéi.

Le 20 Août 1857, on lui a écrit :

« Nous trouvons encore dans la situation de M. Debrousse qui vient « de nous être adressée, le prix des terrains achetés à l'amiable, sans que les actes « nous aient été préalablement soumis.

« Nous vous rappelons que les actes d'acquisition doivent « être préalablement soumis au Contentieux, et que ce n'est « qu'après leur entière approbation par nous qu'ils peuvent être « portés aux situations.

« Nous vous prions de rappeler M. Bromet à la stricte « observation de ces prescriptions . . . .

. . . .

Le 5 Novembre, on lui a écrit :

« Conformément à ce qui a été arrêté entre nous, vous pourrez « porter dans la situation de M. Debrousse pour le mois de Septembre le prix des « terrains de la ligne de Civita-Vecchia correspondant à un parcours de vingt- « sept kilomètres au maximum.

. . . .

« Vous devez en outre faire une réserve formelle et explicite pour « expliquer que, dans un bref délai, M. Debrousse devra nous « fournir des actes réguliers, et qu'aucun autre paiement ne sera « fait sur les terrains avant que les productions d'actes réguliers et « définitifs aient été faites par M. Debrousse, tant pour les terrains « actuellement compris dans la situation, que pour ceux qui avaient été « portés dans les situations précédentes. »

Le 27 Novembre 1857 :

« Voici la copie exacte de l'acquit mis par M. Debrousse au bas « de la dernière situation . . . .

« Sous la réserve formelle faite au profit de la Société des Chemins
« de fer Romains, d'exiger la régularisation complète de tous les actes d'acquisition
« de terrains, et de ne comprendre aux situations aucune nouvelle acquisition
« avant cette régularisation, sauf pour 10 kilomètres . . . .
« mais vous devez tendre à exiger que les acquisitions de terrains soient
« régularisées par M. Debrousse, le plus tôt possible, et cesser d'admettre
« à vos situations aucune acquisition non régulière, dans le cas où vous
« vous apercevriez que M. Debrousse met de la négligence dans l'accom
« plissement des formalités. »

« Le 18 Février 1858 on lui a écrit :

« Je vois figurer dans les situations de M. Debrousse des
sommes importantes pour acquisition de terrains.

« Il serait nécessaire de mettre M. Debrousse en demeure de
nous justifier des actes réguliers et de nous les faire remettre.

« Nous ne saurions laisser prolonger plus longtemps un état
« d'irrégularité qui nous fait regretter d'avoir admis dans nos situations
« les terrains avant que les justifications ne fussent complètes.

« Le 27 Février 1858 :

. . . .

« Nous attirons votre attention sur cette importante question,
« et nous vous prions de vouloir bien nous donner les explications que
« nous vous avons réclamées et déterminer une prompte régularisation.

Le 5 Mars 1858 :

« J'appelle de nouveau votre attention sur la régularisation des actes
« d'acquisition des terrains qui figurent aux situations de M. Debrousse.

« Le chiffre de ces acquisitions s'élève à 480.000 frs

« Or, nous n'avons pas un seul acte régularisé.

« Nous ne saurions éterniser cette situation.

« En conséquence je vous prie de vouloir bien écrire à M.
« Debrousse, et s'il ne satisfait pas à nos justes réclamations
« dans le mois, vous aurez à rejeter des situations toute acquisi-

« riona de terraina .

« Il ne faut pas que l'Entrepreneur abuse de la facilité que nous avons
« mis à venir à son aide » . . . .

. . . . "

Voilà qui est formel ; nous allons voir combien M. Collex Meygrex
se conforme peu aux ordres du Conseil .

« Le 1er Mai 1858 :

« Par notre lettre en date du 5 Novembre dernier nous vous avions autorisé
« à faire porter dans les décomptes le prix des terrains acquis par M. Debrousse ,
« en vous priant de faire en même temps une réserve formelle et explicite pour
« déclarer que M. Debrousse devait nous fournir dans un bref délai des actes réguliers
« et authentiques, constatant l'entier désintéressement des propriétaires et la parfaite
« libération légale, sans quoi aucun autre paiement ne lui serait fait pour acquisition
« de terrains . »

« Depuis nous avons insisté auprès de vous par nos lettres du 18 Février
« et du 5 Mars dernier, afin d'obtenir que M. Debrousse nous fournit ces actes ;
« mais jusqu'ici rien ne nous a été remis .

« Nous venons par conséquent vous rappeler les termes de
« notre dernière lettre, c'est-à-dire que si M. Debrousse ne satisfait
« pas promptement à nos justes réclamations, vous devrez vous refuser
« à comprendre dans le prochain décompte toute somme pour acquisition de
« terrains . »

M. Debrousse n'a fourni aucun acte régulier .

M. Collex Meygrex a persisté à faire figurer pour cet objet 594.000f
dans la situation du 25 Octobre . La Société laisse à MM. les arbitres le
soin d'apprécier cette désobéissance persistante, et qui devient en réalité bien
compromettante pour la Société, toutes les fois qu'il s'agit d'argent à payer
à Debrousse

§

Devis des Batiments des gares et stations pour la
ligne de Rome à Civita-Vecchia .

Toute entreprise de Chemin de fer doit se restreindre dans ses devis, car dans le cas contraire les prévisions sont trompées, les espérances se changent en illusions, et les actionnaires ont droit de se plaindre. —

La Société avait fait un traité à forfait pour la ligne de Rome à Civita-Vecchia, il semblait donc qu'elle pût être sans inquiétude sur la dépense de cette ligne.

L'article 24 du traité déterminait ainsi la somme qui serait employée pour les gares stations et maisons de garde.

« Article 24.

« Le sieur Debrousse s'engage à exécuter, pour l'installation des bâtiments « de ces stations et pour celle des ateliers et de leur outillage, une dépense totale « de huit cent mille francs (800.000^f) pour laquelle il aura à suivre les « indications de la Compagnie, et dont l'évaluation sera faite d'après le bordereau « de prix en usage à Paris pour les travaux de bâtiments et autres analogues « du Chemin de fer du Nord. »

En conséquence la mission de M. Collet-Meygret était simple, il lui fallait présenter à la société et faire adopter des plans dont la dépense ne dépasserait pas 800.000^f.

Quand il présenta les projets de l'entrepreneur au Conseil d'Administration on lui demanda son devis.

Voici la réponse (8 7bre 1857)

. . . .

« J'ai l'honneur de vous faire connaître ci-après, d'une manière appro-« ximative, l'évaluation des travaux à faire pour la construction des maisons de « garde, bâtiments des stations, quais, latrines, halles à marchandises, « remises et ateliers, sur la ligne de Rome à Civita-Vecchia.

« 28 maisons de gardes type N° 2 a 3.000	84.000^f
« 6 " " type N° 1 5000^f	30.000
« Bâtiments de Voyageurs à Civita-Vecchia avec grande « halle couverte (64^m s/. 21^m.)	250.000
« à Reporter ..	364.000

« Report 564.000

« Bâtiments des ateliers quais, halles à marchandises,
« remises, maçonnerie des outils en machine &c, à Civita Vecchia 220.000
« Stations de Palo, Voyageurs et Marchandises 36.000
« Stations provisoires de Rome 60.000
« Excédant de prise de l'outillage 12.000

« Somme totale . . . 692.000
« Somme à valoir . . . 8.000
« Total 700.000

« Le crédit réservé pour les dépenses des stations étant de 800.000
« Je vous propose d'imputer sur les 100.000
« restés libres la dépense à faire pour l'installation, et l'organisation du
« service des eaux dans les 3 Stations.

« Les projets relatifs à ces travaux ne sont point encore arrêtés; je m'en occuperai en arrivant à Rome.
« Mais nous sommes surs, dès à présent, d'avoir à employer le matériel dont la désignation suit :
« 2300 mètres courants de tuyaux en fonte, de 0^{m} 10 de diamètre.
« 700 mètres courants de tuyaux en fonte de 0^{m} 135 de diamètre.
« 700 mètres courants de tuyaux en plomb de 0^{m} 05 de diamètre.
« 10 Robinets vannes.
« 7 Grues hydrauliques modèle du Nord-Français.
« 3 Réservoirs en tôle de 75 à 80 m. c. chacun.
« 15 Bornes fontaines
« 2 Machines à vapeur de 4 chevaux chacune avec générateurs.
« Je crois que la commande de matériel devrait être faite de suite à
« M. Debrousse, avec indication que ladite commande serait ultérieurement
« complétée et que la dépense en serait imputée sur le crédit de 800.000^{f} réservé pour l'établis-
« sement des stations sur la ligne de Rome à Civita Vecchia.
« Plus tard il présente les projets de détail des bâtiments du service des voyageurs,
« Voici la modification.

« 28 Novembre 1857 :

« J'ai l'honneur de vous adresser les dessins d'ensemble relatifs aux

29

« bâtiments du service des Voyageurs à Civita-Vecchia.

« Le service du départ est complètement séparé de celui de l'arrivée,
« une halle couverte de 65ᵐ de longueur sur 21ᵐ de largeur réunit les deux
« édifices.

« Vous avez vu depuis longtemps à Paris les croquis de ces bâtiments.

« J'en ai surveillé les études de façon à ramener la construction à la plus
« grande simplicité sans sacrifier complètement l'élégance.

« Vous verrez sur le dessin que la pierre de taille a été presqu'entièrement
« supprimée.

« Il ne m'a pas été possible de faire un métré exact et une évaluation
« rigoureuse de la dépense. J'ai cherché cependant à m'en rendre compte, et voici
« les résultats auxquels je suis arrivé:

« La superficie des bâtiments est de 1370 mètres carrés; on peut
« les évaluer à un prix moyen de 150ᶠ l'm, soit en tout   205.500ᶠ

« La halle couverte à 1365 m. c. qui coûteront environ
« 55ᶠ l'un, soit 75.075ᶠ

« La dépense s'élève donc en somme à 280.575ᶠ

« Il me semble difficile de descendre au-dessous de ce chiffre si l'on veut
« avoir une gare commode et établie dans les conditions convenables.

« Je vous prie instamment de me faire savoir d'urgence si vous approuvez
« les dispositions du projet que j'ai l'honneur de vous adresser ; il faudra du temps
« pour extraire les matériaux, étudier les détails de menuiserie, donner des ordres
« et faire des commandes pour en assurer l'exécution.

« Il est donc essentiel de ne pas perdre de temps „. . . . .
« . . . .
« . . . .
« . . . .

    M. Collet-Meygret devait exiger de l'Entrepreneur
les métrés et détails estimatifs ; il n'en fait rien, sous prétexte
d'urgence ; cette urgence existait si peu que nous verrons bientôt que les bâtiments
ne furent sérieusement entrepris qu'un an après.

Sur ces propositions de M. Collet-Meygret, et surtout sur son évaluation le Conseil adopte ses projets.

En conséquence, tout en donnant quelque latitude aux erreurs d'approximation, le Conseil pensait être assuré que la dépense ne dépasserait pas le chiffre de 800.000 f. qui avait été réservé et sur lequel tous les calculs avaient été établis.

Depuis cette époque M. Collet-Meygret ne présente aucun nouveau devis, ne demande aucune nouvelle autorisation. Le conseil doit donc persister à compter que la dépense des bâtiments des gares, stations et maisons de garde ne dépassera pas 800.000 f.

Eh bien! l'exécution a révélé tout récemment, et à la grande surprise du Conseil, que la dépense des gares, stations et maisons de garde atteindra 1.800.000 fr. et si on en croyait l'Entrepreneur dépassera 2.000.000.

Ceci est incontestable, nous en fournirons la preuve.

Ainsi pour un travail évalué par M. Collet-Meygret de 7 à 800.000 f. alors que la dépense et les projets ne sont approuvés par le Conseil que jusqu'à concurrence de ces sommes, M. Collet Meygret dépense 1.800.000 f.

A quoi tient cette différence? à l'insouciance de M. Collet-Meygret qui, pour s'éviter un travail, préfère tromper le Conseil, à son abandon inqualifiable à l'égard de l'Entrepreneur dont il acceptait les chiffres et allégations qu'il revêtait ensuite de son autorité.

M. Collet-Meygret peut exiger de l'Entrepreneur un métré, un détail estimatif; un traité spécial lui en donnait le droit; il n'en fait rien.

Il prétend que c'est à cause de l'urgence, et les travaux ne commencent qu'un an après.

Il doit s'apercevoir au cours des travaux que ses prévisions sont excédées, qu'il n'a d'autorisation du Conseil que jusqu'à concurrence de 800.000 f., qu'il lui faut une nouvelle autorisation, que sa responsabilité est considérablement engagée.

Il n'en fait rien.

C'est ainsi que M. Collet-Meygret comprenait son mandat. Un mandat rémunéré par une somme annuelle à 50 000f.

Ce n'est pas tout: son impéritie ... l'entrepreneur, sa négligence absolue vont jeter la Société dans les plus grands embarras.

M. Collet-Meygret avait stipulé que les travaux des bâtiments seraient réglés d'après la série Morel.

Les prix n'étaient pas les mêmes en Italie qu'en France; cette série devait dans certains cas être excessivement désavantageuse à la Société et dans d'autres lui être un peu avantageuse.

Ainsi la maçonnerie, les fournitures qui la concernent, doivent, si on y applique la série Morel, produire à l'Entrepreneur des bénéfices énormes, inouïs qui dans certains cas s'élèvent à 300 %. La menuiserie, la serrurerie, doivent au contraire être désavantageuses.

Dès lors si on laissait la maçonnerie totale à l'Entrepreneur, la plus simple prudence imposait de mettre à sa charge la menuiserie et la serrurerie.

Il ne fallait pas que l'Entrepreneur pût venir dire: j'ai fait pour 800.000f de travaux en maçonnerie; continuez le surplus, faites la menuiserie et la serrurerie.

Qu'a fait M. Collet-Meygret pour empêcher toute difficulté à cet égard? — Le Conseil d'Administration ne pouvait y songer puisqu'il croyait que la somme de 800.000 fr. ne serait pas dépassée.

Nous ne faisons que lui poser cette question qui engage considérablement sa responsabilité.

A lui de répondre.

Ce que nous pouvons ajouter, c'est que l'hypothèse que nous venons d'indiquer se réalise. M. Debrousse signifie un acte pour déclarer qu'ayant fait pour plus de 800.000 fr. de travaux il ne continuera pas, et en effet la maçonnerie faite il a arrêté ses constructions.

Tandis ... que sur un réseau de 640 kilom. M. Collet-Meygret n'a surveillé que la construction de ... comment il a procédé, on se demande où serait allée la Société si elle lui ... son mandat.

4.°

Retards dans les travaux des bâtiments des Gares et stations et Maisons de Garde.

Nous avons déjà expliqué combien la société désirait hâter l'exploitation de la ligne de Rome à Civita Vecchia.

Toute la correspondance en témoigne. — Mais pour exploiter avantageusement il fallait que les bâtiments des gares et stations fussent prêts en même temps que l'assiette de la voie.

Aussi l'ordre avait il été donné de les commencer dès le début.

Le Conseil y mit la plus grande insistance et il ne cessa de solliciter le Directeur Général d'y déployer la plus grande activité

Dès le 16 Juin 1857 on écrivait à M. Collet Meygret . . . . « de faire activer d'autant plus les travaux pour la gare de Civita Vecchia. »

Le 1.er 7.bre 1857, le Conseil donnait cet avertissement au Directeur . . . . « Ses stations sont en retard. » . . . .

Le 25 Janvier 1858.

« Debrousse enfin n'attaque pas les Stations. » . . . .

Le même jour dans une autre lettre . . . . » Votre correspondance me » montre de jour en jour les embarras de M. Debrousse, augmentant pour la construction des » stations et maisons de garde par suite des engagements qu'il aurait pris et des procès qui en résultent.

« Nous ne saurions subir les conséquences de cet état de choses, c'est » pourquoi je vous prie de vouloir bien en conférer ensemble avec M. Debrousse et nous » faire vos propositions à cet égard.

« Nous n'entendons pas faire tous les déboursés pour l'avancement » de l'ouverture de la ligne et la voir compromise par les retards apportés » dans une des parties de la construction.

« Nous ne prenons aucune résolution avant vos propositions » parceque n'étant pas sur les lieux et ne pouvant apprécier toutes » les difficultés nous ne voulons pas augmenter celles que rencontre » M. Debrousse mais nous voulons arriver à une solution immédiate . . .

Le 26 Janvier

« Encore un mot c'est une répétition mais c'est l'expression
« d'un bien grand désir, d'une nécessité

« Il faut absolument ouvrir la ligne de Civita Vecchia en Juillet,
« faites donc l'impossible pour cela.

« Dirigez Debrousse il a besoin de cela, au besoin aidez le de notre
« personnel qui n'est pas occupé par les travaux de la grande ligne.........
« .... Arrivez

« Surtout les stations.............

. . . .

Le 2 Février : . . . .

« Les stations et maisons de garde ne s'attaquent pas.........

. . . .

Quelques jours après.............

« Il faut une décision pour les stations et maisons de garde
« si celles-ci étaient construites on pourrait augmenter facilement le nombre des
« ouvriers en ayant ainsi des bâtiments pour les loger

Le 18 Février : . . . .

« M. Debrousse n'a pas encore attaqué les stations ni
« les maisons de garde il en résulte que cette partie essentielle de nos travaux
« menace de subir un retard

« Nous ne saurions l'admettre et dès à présent,
« nous devons nous mettre en mesure d'aviser aux moyens
« d'y parer.

« Il paraîtrait que la cause de ces retards proviendrait de quelques
« procès que M. Debrousse aurait avec divers sous-traitants.

« Nous vous serions obligé de nous indiquer la cause et la circonstance
« de ces procès.

« Mais dès à présent nous ajoutons qu'aux termes de son contrat,

« M. Debrousse doit nous faire accepter ses soutraitants,

« Qu'il ne nous en a soumis aucun pour les stations,

« Qu'en conséquence nous n'avons donné aucune acceptation.

« Si, dans le courant de ce mois, M. Debrousse n'a pas donné « une impulsion sérieuse à cette partie de ses travaux, nous devrons procéder « contre lui.

« Nous vous prions en conséquence, de vouloir bien nous faire « vos propositions à cet égard.

Le 23 Février...............

« J'attends toujours les documents que vous devez m'envoyer et qui me mettront en « mesure de juger des quantités...............

« Quant aux Stations nous ne saurions en rester là; les procès de M. Debrousse « ne nous regardent pas et nous allons passer outre si une décision n'est pas prise par lui.........

« Pressez au nom du ciel, pressez: Il y a un intérêt immense à arriver au mois « de Juillet et je crains que depuis un mois nous n'ayons pas fait de suffisants progrès »

Le 27 Février, M. Collet-Meygret se décide à répondre:

« J'ai eu l'honneur de vous parler déjà des procès qui existent entre M. Debrousse et « M. Gabaud auquel il avait cédé la construction des stations et maisons de garde de la ligne de Civita Vecchia;

« Le marché de M. Gabaud m'a été présenté au mois de Décembre seulement, bien « qu'il eût été signé en Juillet. Comme à l'époque où il m'a été soumis, il n'y avait rien de fait « ni d'approvisionné et que le Sr Gabaud est d'une insolvabilité notoire, j'ai répondu à M. Debrousse « que la Société ne pouvait pas le reconnaître comme sous-traitant.

« Un procès s'est engagé et le Tribunal de Commerce a confirmé le traité « purement et simplement, parceque M. Debrousse n'avait pas stipulé que la sanction de « la Société était nécessaire à sa validité; M. Debrousse, se fondant sur la non-exécution « des travaux, demandait au Tribunal de résilier le, marché, sous toute réserve de dommages « et intérêts envers M. Gabaud s'il y avait lieu.

« Le Tribunal n'a pas voulu admettre cette alternative.

« Incidemment, 2 ou 3 autres procès se sont engagés sur la question du « sous-tâcheron, des employés et des avances. M. Debrousse a été battu de tous côtés, « contre le Droit, contre le texte du marché.

« Appel à été interjetée devant la Rote...............

« En attendant, M. Debrousse extrait la pierre de taille, « prépare les charpentes et les menuiseries; mais les travaux sont « paralysés, sauf en ce qui concerne les ateliers de Civita Vecchia, « qui ne sont pas compris au marché Gabaud.

« Le ministre a bien voulu intervenir aussi pour repousser ce traité, mais il « a reconnu qu'on ne s'arrêterait pas plus à la prohibition qu'à celle de la Compagnie et il s'est abstenu.

« Telle est aujourd'hui la situation des choses. »

Le 5 Mars . . . .

« J'ai reçu votre lettre n⁰ 129, expliquant le motif du retard
« qu'apporte M. Debrousse dans l'attaque des Stations en relatant le
« procès qu'il soutient contre un Sⁱ Gabaud.

« J'en ai causé ici avec M. Oudry. Cet Ingénieur m'affirme
« que tous les approvisionnements sont faits, que les ateliers sont
« attaqués, et que si on laisse un peu en arrière les travaux des bâti-
« ments de Stations et de maisons de Garde, c'est parcequ'il reste un
« délai bien supérieur à ce qui est nécessaire pour les avoir achevés le 1ᵉʳ
« Juillet.

« Il annonce qu'on commencera ces travaux aussitôt qu'il ne res-
« tera plus que le temps rigoureusement nécessaire.

« C'est à vous qu'il appartient d'apprécier cette réponse.

« Quant à nous s'il nous apparaît qu'il y ait
« danger à tarder plus longtemps le commencement de ces
« travaux, surtout en considération de l'approche des cha-
« leurs et de la difficulté de conserver les ouvriers, nous
« prendrons immédiatement toutes les mesures nécessaires.

« . . . .

Le 9 Mars . . . .

« Mais la question inquiétante, c'est celle des stations
« et maisons de garde.

« Oudry commande la charpente de la halle aux voyageurs et des
« ateliers ; nous payons, mais à titre d'avance, une somme de cent mille
« francs.

« Debrousse nous trouve toujours prêts à venir à son aide, mais
« il faut qu'il prenne un parti pour ces constructions.

« Nous tenons essentiellement à ce qu'il se mette à l'œuvre
« au plus tard le 1ᵉʳ Avril.

« Expliquez-vous avec lui à cet égard.

« Il nous faut une décision formelle, nous n'avons
« pas à le suivre dans son imbroglio de procès. Aussi je re-
« grette que pour lui venir en aide vous ayez pris sur
« vous de refuser Gabaud. Il en résultera que quand nous
« nous plaindrons à Debrousse des retards qu'apportent
« ces procès il nous en imputera la cause.

« Je me résume par ma phrase ordinaire, il nous faut arriver
« en Juillet.

« J'arrive à la grande ligne. Vous verrez, par une lettre officielle
« que vous recevrez en même temps que la présente, qu'il est impossible
« d'approuver les études de Froger.

« Il faut un contrôle et un remaniement complet pour les
« études.

« . . . .

Le 9 Mars.

« Pressez Civita. Il vous faut absolument diviser cette ligne
« en deux sections et y reporter un de vos ingénieurs, Bretheau, par exemple.
« La surveillance de Bonnet me semble insuffisante et elle va s'aggraver
« de jour en jour par la multiplicité des travaux . . . .

« Pour la construction des stations nous pouvons parfaitement
« agir contre Debrousse, en lui supprimant toutes nos avances pour le matériel ;
« en effet, s'il a encore 18 mois, aux termes de son traité, pour achever les travaux, d'un
« autre côté, nous ne sommes pas tenu de prendre livraison des travaux en fournitures ;
« comme si la totalité de la ligne devait être ouverte dans 4 mois, tandis qu'une petite
« partie des travaux laissée en arrière devrait arrêter cette ouverture . . . .

« L'ensemble des travaux en fournitures doit être conduit simultanément, de
« manière à ne pas nous constituer dans des déboursés inféconds.

« Il faut que Debrousse prenne son parti . . .

Sur toutes ces lettres M. Collet-Meygret ne prend aucune décision
quand il répond c'est pour défendre M. Debrousse et lui obtenir de nouveaux
délais .

Aussi il assume sur lui toute la responsabilité des retards
qui pourront exister.

. . . .

Le 10 Mars.

. . . .

« Le défaut de surveillance de M. Bonnet prouve bien qu'il ne sau-
« rait suffire seul. . . . .

« Debrousse est en retard pour toutes choses. . . . .

. . . .

« En outre j'attends toujours pour les stations et mai-
« sons de garde.

« Nous ne pouvons attendre plus longtemps; nous ne
« pouvons surtout nous résigner à supporter les longueurs du
« procès Gabault. Donc il nous faut une solution de façon
« ou d'autre. . . . .

Le 12 Mai.

« Il faut amener Debrousse à une décision pour les sta-
« tions et les maisons de garde. . . . .

. . . .

M. Collet va répondre.

On peut s'attendre qu'au lieu d'exécuter les ordres qu'on lui donne,
d'agir contre Debrousse, il va chercher à expliquer ses retards, à faire
prendre patience à la Société. . . . .

Le 13 Mai, il écrit :

. . . .

« Les travaux pour l'établissement des ateliers de Civita Vecchia, com-
« prenant la remise des machines; sont en effet commencés, ainsi que vous l'a dit
« M. Oudry.

« quant aux bâtiments des Stations et maisons de garde, il n'y a rien de
« fait jusqu'à présent, si ce n'est des approvisionnements et des Commandes.

« Sous ce dernier rapport on peut dire qu'ils sont très-avancés et

« qu'une fois commencés, ils pourront être construits très-rapidement

« Ce serait cependant aller trop loin que de dire qu'on a du temps de
« reste pour les achever d'ici le 1er Juillet ; mon avis est qu'ils doivent être com-
« mencés au plus tard le 1er Avril, et qu'il faudra bien employer son temps pour les
« achever dans le courant du mois de Juillet.

« Ainsi que je vous l'ai dit, les décisions du Tribunal de la Rote sur
« l'appel dans deux des procès Debrousse contre Gabault sont promises pour
« la semaine prochaine.

« Si elles sont favorables à M. Debrousse, les travaux pourront être en-
« trepris immédiatement et seront activement poussés. Dans le cas contraire, il y
« aura lieu d'aviser, et peut-être alors serait-il possible d'invoquer utilement la nouvelle
« loi qui remet le contentieux des Chemins de fer au jugement du Ministère des Travaux
« Publics en première instance et du Conseil d'État en dernier ressort.

Le 29 Mars.

L'Administrateur délégué écrit de nouveau au Directeur-Général.

« Je vous envoie peu à peu les études de la grande ligne après en avoir fait
« prendre les calques.

« Je vous conjure de prendre vos mesures pour qu'elles soient revues avec soin
« et dans le plus bref délai.

« J'attends toujours la réponse et vos propositions pour la question des
« Stations et de maisons de garde.

Le 5 Avril.

« Pour nous la question importante c'est la mise en exploitation de la
« ligne de Civita au 1er Juillet.

« Les stations, les maisons de garde, aurez-vous enfin une solution.
« Nous ne saurions attendre plus longtemps.

On voit quelle persistance déployait le Conseil à prévenir M.
Collet-Meygret, et à le mettre en garde contre tout retard . . . . .

Le 10 Avril 1858, M. Collet-Meygret se décide à répondre :

« Dans la tournée que je viens de faire sur la ligne de Civita-Vecchia,
« j'ai constaté que l'on avait diminué les travaux de fondation des ateliers et remises.
« On a terminé les fondations de la remise des voitures jeudi, et commencé immédia-
« tement les maçonneries en élévation.

« Lundi on mettra la main aux fondations des quais et de la halle aux
« marchandises. M. Debrousse m'a promis de commencer aussi les bâtiments
« des voyageurs dans le courant de la semaine. Ces chantiers sont bien organisés, et le
« travail une fois entrepris, on marchera rapidement .

Toujours même système, M. Collet-Meygret cherche à rassurer le
Conseil . . . .

Le 13 Avril on lit dans un rapport . . . .

. . . .

Stations et Maisons de Garde.

« Cette partie des travaux, long-temps retardée par suite de di-
« verses circonstances, s'exécute maintenant avec activité et tout fait
« espérer qu'elle sera terminée en même temps que la pose des voies . .

. . . .

« En résumé, l'activité qui existe en ce moment sur les chantiers de Rome
« à Civita Vecchia, et l'état d'avancement des travaux de toute espèce, soit sur la ligne,
« soit dans les ateliers et les usines qui doivent coopérer à son avancement, font espérer qu'il
« sera possible de livrer la voie définitive à la circulation des marchandises avant la fin du
« mois de Juillet 1858, sur toute l'étendue comprise entre la Gare provisoire à Rome et la
« Station de Civita Vecchia . »

. . . .

Malgré ces promesses, le Conseil se tient en défiance, et le 22 Avril

1858, il écrit . . . .

. . . .

« Les maisons de garde ne sont pas attaquées, Debrousse
« promet beaucoup, mais la réalisation . . . »

. . . .

On pouvait dire à bon droit la même chose à M. Collet-Meygret,
car il promettait sans cesse pour Debrousse — au lieu d'exécuter les ordres
du Conseil, en assumant ainsi toute la responsabilité.

Le 16 Mai, l'administrateur-délégué lui écrit :

. . . .

« Je viens de recevoir le Courrier de Rome. Je suis désespéré.
« Je vois que les travaux de la ligne de Civita marchent mal ; que M.
« Debrousse ne tient pas les promesses qu'il m'avait faites.

« Voyez donc si vous ne pourriez pas galvaniser lui et son per-
« sonnel : il nous faut arriver au 15 Août au plus tard.

« Faites immédiatement une visite sur la ligne, je vous en conjure.
« Voyez chaque point en détail, hâtez chaque chose, rectifiez les divers points,
« activez surtout les travaux.

« Ce serait bien malheureux d'éprouver du retard ; faites l'impossible
« auprès de Debrousse pour l'entraîner . . .

« Tout est bien en retard
« Les maisons de garde ne sont pas attaquées.
« Les stations ne marchent pas . . .
« Il faut aviser à tout . . . .

. . . .

« Je vous rappelle l'état complet de ce qui reste à faire avec
« l'évaluation du temps nécessaire pour chaque partie ». . . . . . .

. . . .

Le 20 Mai . . . .

. . . .

32.

« On n'attaque pas les maisons de garde ; tout fait défaut.

« Pressez, Pressez.

....

Ce n'était que trop vrai ; malgré les promesses de l'entrepreneur, on ne faisait rien aux gares et Stations.

M. Collin Meygret désobéit au Conseil en ne faisant rien pour contraindre M. Debrousse. Il manque encore sur ce point à son mandat.

Le 3 Août le Directeur, à la sollicitation du Conseil, fait son rapport

« Voici quelle est aujourd'hui la situation des travaux de l'Entreprise « Debrousse.

« Les travaux de bâtiment de la Gare provisoire de Rome sont com-« mencés : l'activité qui y est déployée s'accroît de jour en jour. Ce chantier devra « être organisé complètement dans le courant de la semaine prochaine de telle sorte « que les maçonneries soient achevées avant la fin de Septembre.

« On est entré ce matin dans les terrains des Pères de Santa-Maria « in Monticelli, il était temps.

« Un atelier de terrassement va ouvrir une voie et déblayer l'emplace-« ment du bâtiment des marchandises et de la remise des machines.

« On promet le passage d'une voie pour les premiers jours de « Septembre.

« La voie est posée sur 15 Kilomètres environ qui commencent au « delà de Palo et finissent à Maccarese.

« L'atelier de poseurs continue dans la direction de Ponte-Galera et « Rome. Un atelier de poseurs sera installé lundi, se dirigeant de Rome à Ponte-« Galera.

« De Civita-Vecchia, les travaux de la ligne marchent très-bien. Pour « les terrassements l'organisation est bonne, mais le nombre des ouvriers devrait être « augmenté.

« Je ferai mardi avec M. Poirée une tournée de détail à la suite de laquelle « j'aurai l'honneur de vous rendre un compte détaillé de l'état des Chantiers.

Aucune des promesses n'est tenue.

Les travaux des Gares et stations ne marchent pas, quoiqu'en dise le Directeur.

. . . .

Le 16 Avril 1859, la Société ouvre la ligne de Civita-Vecchia, et paie en conséquence une prime extraordinaire d'un million à l'Entrepreneur.

Mais

Les maisons de garde ne sont pas achevées, et à l'approche des grandes chaleurs dans ce pays insalubre, on ne sait où abriter et loger les gardiens.

Les bâtiments et halles à Voyageurs ne sont pas faites; il en résulte une grande difficulté d'exploitation des frais extraordinaires d'appropriation, un surcroît de personnel . . . .

. . . .

Les Halles et Quais à marchandises ne sont pas terminés, delà vient l'impossibilité d'exploiter le trafic des marchandises. Tandis que c'est ce trafic qui donnerait les plus grands bénéfices de la Société, que le Service est organisé pour que les trains soient mixtes, et que n'ayant que le transport des voyageurs on est privé de l'appoint des marchandises qui utiliserait la traction de chaque train.

Les ateliers ne sont pas prêts, par conséquent les réparations du matériel sont plus coûteuses et souvent impossibles.

Telle est la situation où le désir qu'avait M. Collet--Meygret de ménager l'entrepreneur a conduit la Société; il a été averti, il n'en a pas tenu compte.

Sa désobéissance prive la Société des deux tiers de ses produits sur la ligne de Civita-Vecchia.

Erreur dans l'écartement des Rails.

———————

Une des premières conditions pour un Directeur-général qui conduit la construction d'une ligne, c'est que l'écartement des rails soit conforme au Cahier

des charges du Gouvernement et en rapport avec les dimensions du matériel roulant ou fixe.

Pourrait-on que M. Collet-Meygret ne s'en préoccupait pas,
qu'il avait laissé établir les gabarits pour la pose dans des dimensions différentes de celles prescrites par le Gouvernement, et que l'écartement des rails
n'était nullement en rapport avec les dimensions des plaques tournantes et du
matériel roulant.

Il a fallu que le Conseil d'administration s'aperçût lui-même
de l'erreur du Directeur général et vînt la lui signaler.

Passons à la preuve.

L'article 4 du Cahier des charges disait :

« La largeur de la voie entre les bords intérieurs des rails devra être de 1m.45.

Or, le 13 Février 1858, le Conseil d'Administration écrit au Directeur
Général :

« Je viens vous prier de me préciser un point important.

« Je lis dans le Cahier des charges du Gouvernement, art. 4, que la
« largeur de la voie entre les bords intérieurs doit être de 1m.45.

« Or, les plaques tournantes ont été commandées avec un écartement
« de 1.50 d'axe en axe, c'est-à-dire de 1m.44 entre les bords intérieurs.

« Le matériel roulant a été commandé dans les mêmes conditions

« C'est là une difficulté à laquelle il faut aviser immédiatement. »

Il faut bien faire observer que les Cahiers des charges des plaques tournantes présentés par l'Entrepreneur, avaient été approuvés par le Directeur, et
qu'il en avait été de même pour le matériel roulant.

Le 19 Février, M. Collet-Meygret répond :

« L'écartement des rails des chemins Lombards, est de cent quarante-
« quatre centimètres, avec tolérance de pose de 143 à 145. L'écartement des rails sur
« plaques est de 1m.44. Mon avis est que nous devons suivre les mêmes errements et
« fixer l'écartement normal des rails à cent quarante-quatre centimètres. Cet écar-
« tement doit être aussi celui des rails des plaques tournantes.

« L'acceptation des quatre plaques fabriquées ne présenterait pas de grands

« inconvénients : cependant puisque vous êtes libre de les refuser, il vaut mieux
« le faire et n'avoir qu'un seul modèle à l'écartement de 1ᵐ 44, soit 1ᵐ 50 d'axe
« en axe. »

Le 25 Février, la Société écrit au Directeur.

. . . .

« Vous me dites que vous êtes d'avis de maintenir l'écartement des rails à
« 1ᵐ 44, et par suite celui des rails de plaque.

« Vous ajoutez qu'en cela vous vous conformerons aux types des chemins
« Lombards.

« Mais vous ne répondez pas à l'objection tirée du Cahier des Charges du
« Gouvernement dans lequel on fixe l'écartement à 1ᵐ 45.

« Aujourd'hui qu'un Commissaire est nommé, et qu'on semble vouloir faire
« exécuter littéralement le Cahier des Charges de la concession, ne craignez-vous pas
« une difficulté ultérieure.

« Ne faudrait-il pas mieux d'abord en référer au Commissaire. Il faut
« aviser. »

Le 22 Février, le Directeur écrit :

« J'ai eu l'honneur de vous donner le 17 courant, la réponse aux questions que
« vous m'avez posées relativement à l'écartement des rails sur la voie et sur les plaques.

« Les renseignements que ma lettre renfermait sur les chemins Lombards
« m'avaient été fournis télégraphiquement par M. Lagout.

« Aujourd'hui je reçois de cet Ingénieur une lettre qui les contredit. Les chiffres
« que je vous ai donnés sont ceux du Cahier des charges de la concession : mais en fait
« l'écartement intérieur des rails sur les Chemins Lombards sera de 1ᵐ 45 et la largeur
« du champignon supérieur des rails sur les mêmes chemins de 0 064.

« En adoptant l'écartement des Chemins Lombards, nous nous conformerons donc
« aux prescriptions des deux Cahiers des Charges de Rome à Civita-Vecchia et de Rome à
« Bologne qui fixent cet écartement à 1ᵐ 45. Ceci me conduirait à vous proposer de faire
« continuer la fabrication des plaques tournantes avec l'écartement de 1ᵐ 45.

« Mais il arrive que tous les dessins du matériel fixe de la voie arrêtés par mon

« prédécesseur limitant au contraire cet écartement à 1ᵐ 44, et que c'est sur cette base

« que M. Debrousse a fait exécuter ses gabarits de pose et les changements de voie,

« et dépensé déjà des sommes plus ou moins considérables.

« J'ai eu à ce sujet une longue conférence avec M. Oudry, qui part demain

« pour Paris. Il doit examiner où en est la fabrication et m'a promis, si elle n'est pas

« trop avancée, de modifier l'écartement des rails en le portant à 1ᵐ 45.

« C'est une question que vous pourrez débattre et vider avec lui.

« Dans le cas où il serait impossible de modifier le chiffre de 1ᵐ 44, nous

« serions toujours maîtres de le porter à 1ᵐ 45 sur la ligne de Rome au Pô, et je ne

« crois pas que des inconvénients graves puissent résulter de ce qu'il n'y aura pas

« uniformité sous ce rapport entre les diverses parties du réseau qui composent notre

« concession. »

On voit comment M. Collet-Meygret tranche la question facilement; il

admet des écartements différents sur un même réseau.

Il objecte pour sa défense que c'est son prédécesseur qui a arrêté les dessins du

matériel fixe. Mais il a dû les examiner, les rectifier, ou tout au moins ne pas com-

mander les autres parties du matériel en désaccord. Puis, si le prédécesseur a arrêté cer-

taines parties du matériel, ce n'est pas pour les plaques tournantes, et la preuve

résulte de l'approbation donnée par M. Collet-Meygret lui-même au Cahier des

charges des plaques tournantes.

Le 4 Mars 1858, le Conseil répondait :

« Je réponds à votre lettre N° 420.

« Il faut adopter pour nos rails le même écartement que les Chemins Lombards,

« c'est-à-dire l'écartement de 1ᵐ 45.

« Le Wagonnage a été préparé pour cet écartement; il faudra du reste le surveiller.

« Les locomotives ont l'écartement de 1ᵐ 36, cet écartement est celui des ma-

« chines sur le Chemin de fer de Paris à Lyon dont l'écartement des rails est de 1ᵐ 44. Il

« n'y aura pas grand inconvénient.

« Cependant pour toutes les roues qui pourront être encore modifiées, on

« prendra l'écartement des locomotives des Chemins Lombards, c'est-à-dire 1ᵐ 365.

« Les plaques tournantes, les croisements de voie vont être modifiées
« d'après le nouvel écartement. »

La question est tranchée, l'écartement des rails sera de 1m 45, il n'y a
plus d'erreur possible, eh bien ! de nouveaux dessins arrivent, émanant de la Direction générale, en portant les cotes de 1m 50 d'axe en axe, ce qui correspondait à 1m 44
pour l'écartement des lignes.

De là, le 7 Octobre, nouvelle lettre.

« Nous vous rappelons que l'écartement entre les bords intérieurs de nos
« rails doit être de 1m 45, et par conséquent de 1m 51 d'axe en axe.

« Nous vous donnons ce rappel parce que sur plusieurs dessins examinés
« par vous, les cotes écrites indiquent 1m 50 d'axe en axe.

« Vous comprenez toute la gravité qu'auraient des irrégularités en pareille
« matière; tout doit être ramené à la manière uniforme que nous venons de vous indiquer.

« M. Debrousse est venu lui-même nous demander quelle était la mesure
« exacte adoptée. »

Nous devons espérer que M. Collet-Meygret s'y sera conformé.

Mais il faut se demander ce qu'aurait coûté à la Société la négligence de
M. Collet-Meygret, si le Conseil d'administration ne s'était pas aperçu à temps
de l'erreur de la Direction Générale.

§ 8.
Raccordement dans Rome.

1° Présentation des projets.

La ligne de Rome à Civita-Vecchia arrive actuellement sur la Rive
droite du Tibre à la Porta-Portése. La ligne de Rome au Pô viendra aboutir sur
la rive gauche du Tibre, au pied de la Maison dorée de Néron.

Une ligne de raccordement a été jugée nécessaire, entre la gare de la Porta
Portése et la gare de la ligne de Rome au Pô.

Sur la proposition de M. Collet-Meygret, un traité a été passé avec M.
Debrousse pour cette ligne de raccordement moyennant le prix à forfait de quatre millions.

M. Debrousse devait présenter ses projets : Il les a remis au Conseil d'Administration..

Celui-ci après en avoir pris communication a reconnu qu'ils ne pouvaient être approuvés que sous certaines réserves.

Le 20 Novembre il adressait cette lettre au Directeur Général.

« Nous avons reçu vos projets pour la traversée de Rome en votre rapport
« en date du 17 Juillet 1858.

« Nous donnons notre approbation avec les réserves indiquées
« à votre rapport, et en outre avec les réserves suivantes :

« 1°. La gare de Rome sera considérée comme une gare terminus où les
« lignes de Civita-Vecchia, de Bologne et de Naples viendront se souder et opérer
« leurs transbordements. Il y a lieu d'en étudier les dispositions dans ce sens.

« 2°. Le pont du Tibre devra avoir un débouché de 100 mètres, compris 15
« mètres pour la travée mobile : En outre on ménagera sur les deux rives un débouché
« linéaire supplémentaire de 50 mètres au moins. Le dessous du Tablier sera au dessus
« de l'Étiage à une hauteur de onze mètres, qui est celle de l'extrados des voûtes les plus
« élevées des Ponts à Rome.

« 3°. Le pont à Bascule à double volée, sera remplacé par un pont tournant
« placé sur la rive droite en couvrant une passe de 12 mètres et un chemin de hallage de
« trois mètres de largeur.

« 4°. Le fleuve sera convenablement redressé et dragué, tant en amont qu'en
« aval pour le garage des bateaux qui auront à attendre l'ouverture du pont tournant.

« . . . .

« . . . .

« . . . .

« . . . .

Croirait-on que le Directeur Général recevant cette dépêche a imaginé
de faire abandonner les réserves si nécessaires et prescrites par le Conseil. Il est allé
trouver l'administrateur délégué de Rome, a cherché à prouver que ces réserves étaient

dangereuses et par l'autorité de sa déclaration; en l'absence des Conseils techniques de la société, a obtenu que les progrès de M. Debrousse seraient adressés au Gouvernement sans réserve.

Nous ne voulons pas chercher les causes d'une conduite tellement extraordinaire, seulement nous devons appeler l'attention des arbitres sur les conséquences.

Sur la proposition de M. Collet-Meygret, on avait fait un traité par suite duquel on payait à Debrousse 4 millions pour un peu plus de trois kilomètres.

Il est vrai que sur le projet joint au traité à forfait, le pont sur le Tibre est de 102^m, les viaducs à construire ont une longueur totale de débouché linéaire de 450^m, un souterrain est prévu de 200^m

Or qu'a-t-on fait dans le projet remis au Gouvernement, malgré la volonté expresse du Conseil, dont la décision nécessitait une réfutation complète du tracé et du projet.

On a supprimé le souterrain de 200^m pour le remplacer par un passage voûté de 42^m, on a réduit la somme des longueurs linéaires des viaducs à 200^m celle du pont sur le Tibre à 75^m, c'est-à-dire qu'on a ajouté au bénéfice déjà énorme de l'entreprise, un bénéfice inattendu, résultant d'une suppression de travaux qui s'élèverait à près d'un million de francs.

À quel degré d'imprévoyance faut-il donc atteindre pour sacrifier ainsi les intérêts de la Société dont on est mandataire ?

Il est donc démontré pour les arbitres que la rébellion contre les ordres du Conseil est une habitude de M. Collet-Meygret.

2°

Situation dressée par suite des travaux pratiqués sur la ligne du raccordement dans Rome.

Le traité de raccordement disposait ainsi.

Article 12. « Les situations devant servir au règlement des à-compte à

34

« payer, seront dressées d'après une série conventionnelle, ainsi que cela est

« expliqué à l'article 36 du traité à forfait du trente-un août mil huit cent

« cinquante-six.

La série conventionnelle ne fut pas dressée immédiatement.

Néanmoins des travaux de terrassements ayant été pratiqués par M. Debrousse, M. Collet-Meygret pour les payer imagina de dresser une situation en y portant les terrassements à 3^f 60^c le mètre cube.

C'était inadmissible; c'était créer un prix de série, quand on ne connaissait pas l'importance générale des travaux.

C'était dangereux, puisque c'était engager la question.

C'était exorbitant comme prix, puisque, dans l'estimation fournie par M. Collet-Meygret, laquelle avait servi de base au traité avec M. Debrousse, le Directeur-Général n'avait fait figurer les terrassements qu'à 3^f le mètre cube. Il disait en effet:

« Nous en porterons en conséquence l'estimation à 3^f le mètre

« cube.

Dès-lors on ne comprenait pas que M. Collet-Meygret ayant pris pour base du traité le prix de 3^f le mètre cube, voulût le payer à 3^f 60.

C'était évidemment faire un avantage à l'Entrepreneur. En conséquence le Conseil d'Administration écrivit le 31 Août 1858 la lettre suivante au Directeur-Général.

« En ce qui concerne les décomptes établis pour les travaux dé-

« terminés par le traité du 9 Mars 1858, nous avons résolu

« de ne point admettre les situations qui nous étaient

« soumises, jusqu'au moment où les éléments de l'exécution

« régulière de ce traité seraient arrêtés entre vous et l'En-

« trepreneur.

« Nous avons, il est vrai, payé le montant des deux décomptes

« tel que vous l'aviez déterminé au profit de M. Debrousse; mais

« seulement à titre d'à-compte à valoir sur les tra-
« vaux exécutés d'après le marché du 9 Mars, et
« sans tenir compte de l'évaluation faite des dits
« travaux.

« En effet nous ne pourrons régulièrement ad-
« mettre des décomptes à l'égard du marché de raccordement
« qu'autant qu'une série de prix dûment dressée contradic-
« toirement nous permettra de les reconnaître réguliers
« et conformes aux prescriptions du traité lui-même. Nous
« savons que tant que le projet de raccordement n'aura pas été dressé
« il vous sera impossible d'arrêter une série conventionnelle, mais
« jusqu'à ce moment, vous pourrez proposer les paiements à titre
« d'avance et sauf à en établir les bases.

Veuillez agréer, etc . . . .
Signé : A. Cochery.

Croirait-on que malgré cet ordre si formel, M. Collet-
Meygret a persisté, le 28 Septembre, le 26 Octobre et le 1er Décembre, à faire dresser de nouvelles situations ; il a reproduit le prix
de 3f 60 par mètre cube de terrassement —

Il a désobéi au Conseil aussi audacieusement, sans explication
sans lettre.

Décidément M. Collet-Meygret s'était créé dicta-
teur de sa propre volonté. Mais il faut avouer que ce n'était pas
un dictateur devant sauver la fortune sociale, car il payait 3f 60 ce que
lui-même n'avait évalué que 3f.

L'Entrepreneur seul pouvait se féliciter de cette dictature.

Et j'ajoute que l'on voit que dans cette circonstance
M. Collet-Meygret procède impatiemment comme il a
procédé pour la ligne de Civita-Vecchia. Il faut payer aux entrepreneurs
plus qu'il ne leur est dû.

§ 9.
Négligences.

Les négligences du Directeur Général engendrent celles des subordonnés.

Le Conseil est obligé sans cesse de donner des avertissements. Ainsi le 8 Novembre 1857, il écrit au Directeur:

« Je crois nécessaire de vous présenter quelques observations sur le service « des Ingénieurs de tous grades placés sous vos ordres.

« Leurs procès verbaux hebdomadaires doivent m'être envoyés très « régulièrement, et partir par le courrier de Samedi.

« Depuis que je suis à Rome, je n'ai reçu aucun rapport. »

Le 21 Novembre :

« Je n'ai pas encore reçu par le dernier courrier, de rapport de M. « Bonnet.

« C'est très regrettable. »

Le 21 Janvier 1858, nouvelle lettre.

« Je vous rappelle qu'ils doivent nous adresser des rapports hebdoma- « daires. Je n'en ai encore reçu de MM. Bonnet, Lagout et St James. »

Le 22 Février, on écrit.

« Je vous rappelle que tous les Ingénieurs placés sous vos ordres « doivent nous adresser un rapport hebdomadaire.

« MM. Bonnet et Rivière s'astreignent seuls à cette obligation. »

Le 11 Avril 1858, on écrit :

« Tenez surtout votre personnel.

« Voici que M. Rosier, lui aussi, a pris un congé.

Le 30 Avril, le Conseil écrit :

« Nous ne recevons aucun rapport de M. Bourgoin. Ceux qui por- « tent sur les travaux soumis à sa surveillance sont signés par M. Rivière.

« M. Bourgoin doit cependant depuis longtemps être de retour à « son poste.

« Nous vous serions obligés de nous renseigner sur la cause de

« silence de M. Bourgoin. »

Le 7 Mai :

« Nous recevons un rapport de M. Nivière.

« Ce rapport devrait émaner de M. Bourgoin.

« Qu'est devenu M. Bourgoin ? l'avez vous changé de destination ?

« Nous ne supposons pas que M. Bourgoin ne soit pas encore « revenu à son poste. — Nous espérons que bientôt, grâce à la « liberté que vous laisse le traité récent, passé avec « M. Propérim vous allez pouvoir agir énergiquement pour établir l'ordre sur « cette ligne en ne rien laisser émaner que de l'initiative de la Société. »

Ce n'est pas seulement pour les négligences du personnel que le Conseil est obligé de donner des avertissements au Directeur Général il se voit forcé de les renouveler surtout pour les négligences dans la direction des travaux.

Le 15 Décembre 1857, le Conseil lui écrit :

« Je ne reçois de M. Lagout aucun rapport précisant les points « sur lesquels on travaille d'Ancône à Bologne.

« ————————————————————

« Mais les rapports de M. St Jamet me révèlent que M. Sarti « procède à la construction de travaux d'art.

« Sur quels types ?

« Rien n'a été arrêté et il ne saurait suivre ainsi ses propres « inspirations.

« Il est bien important que la surveillance soit complète sur cette « ligne de Bologne ; en conséquence, je ne saurais trop vous presser de l'organiser « provisoirement jusqu'à l'arrivée de vos ingénieurs de section. »

Le 2 Mai, le Conseil écrit :

« Nous avons bien reçu un état dressé par les soins de M. Manzi « et constatant des appréciations de M. Petri. Mais nous ne pourrions « prendre évidemment une décision sur cet état qui n'était pour nous qu'une « communication officieuse d'un de nos collègues.

« Avant de prendre une résolution, nous avions besoin des Études
« de Rome à Monte-Rotondo, des plans parcellaires

« Nous ignorons en effet si les terrains désignés dans
« l'état de M. Manzi sont bien situés sur les parcours de
« notre ligne ferrée et si toutes les quantités indiquées à cet état
« sont nécessaires pour l'établissement de notre chemin.

« En second lieu, et en admettant des réponses affirmatives sur ce
« qui précède, nous avons besoin d'être renseignés par le rapport émané de
« vos bureaux sur la valeur des terrains. »

Le 31 Mai :

« Nous vous prions, comme règle générale, de vouloir bien toujours
« accompagner toute propositions d'un devis, lors même qu'il ne pourrait
« être que très approximatif. »

Le 30 Juillet :

« M. La Rivière annonce qu'il va arriver à Paris, nous n'en voyons
« nullement la nécessité, et nous croyons au contraire sa présence nécessaire à
« Rome. Il ne faut pas que le désir d'affaires personnelles entraine à
« négliger les affaires de la société qui en ce moment ont tellement besoin
« de toute votre énergie et de sa bonne et intelligente collaboration. »

Le 13 Novembre 1858 :

« M. Le Pennec dans son bulletin du 31 8bre dernier, écrit ce qui
« suit :

« Ces mêmes pluies ont occasionné quelques mouvements de terrain
« au point où la galerie transversale vient déboucher dans la galerie prin-
« cipale au puits N° 4 ; ce point-là a toujours été un point pénible !

« Il sera sage pour rassurer l'ouvrier de faire la voûte définitive
« sur une vingtaine de mètres à ce point, aussitôt que la dépense sera au-
« torisée ; nous donnerions à cette portion de voûte 0m,90 d'épaisseur, si
« cela est jugé nécessaire.

« Nous regrettons que M. La Rivière n'ait mis qu'un simple
« visa à la suite d'une telle note, et que de même il ait laissé sans

« observations, une proposition de faire une portion de voûte avant qu'on se soit bien
« assuré de la pente et de la direction de l'axe.

« S'il y a péril pour les ouvriers, il faut se hâter d'étayer et de blinder les
« parties de rochers qui menacent de s'écrouler.

« Nous vous prions de nous donner un rapport sur ce sujet en l'accom
« pagnant des profils de cette partie des souterrains. »

En enfin, le 26 Février 1859

« M. Bourgoin signale des erreurs de nivellement commises dans son service
« et demande des vérifications du profil en long des 10ᵐᵉ et 11ᵐᵉ sections.

« Aux termes de l'art 4 du traité Froyer, le nivellement en long des tracés
« définitifs doit être vérifié par un second nivellement spécial, puis par un troisième,
« si les deux premiers ne sont pas d'accord. La première chose à faire est donc de s'assu-
« rer si les nivellements de vérification et de contre-vérification ont été régulièrement faits.
« Il suffira pour cela d'inviter M. Froyer à les exécuter sans retard, avec le concours
« et sous le contrôle immédiat des agents de la Société.

« S'ils ont été faits, il conviendra encore, en présence des erreurs signalées,
« d'exiger de M. Froyer une nouvelle vérification et contre-vérification, avec le concours et
« le contrôle des agents de la société, attendu qu'il est responsable envers la Société de la
« parfaite exactitude de ses opérations et nivellement.

« Ce travail est d'autant plus urgent que les opérations sur le terrain de M.
« Froyer sont terminées depuis longtemps et que la remise des dernières pièces de
« projets définitifs pourrait avoir lieu d'un instant à l'autre et faire courir par
« cela seul le délai de quatre mois dans lequel la société doit avoir terminé ses
« vérifications, aux termes de l'art. 17 du traité Froyer.

« En conséquence, M. le Directeur Général, vous voudrez bien :

« 1º Vous faire représenter par M. Froyer les carnets de nivellement en
« long définitif de vérification et de contre-vérification de la ligne d'Ancône au Pô,
« pour nous assurer si ces opérations ont été régulièrement faites.

« 2º Prescrire sur le champ à M. Froyer une nouvelle vérification et contre-vérification
« immédiate du nivellement en long de la ligne, avec le concours et sous le contrôle des agents de la société,
« notamment dans les 10ᵐᵉ et 11ᵐᵉ sections, de manière à faire rectifier et faire disparaître toute erreur.

§ 13.

Agressions inqualifiables de M. Collet-Meygret rebellion et refus de concours, révocation.

Nous venons de prouver les fautes énormes de M. Collet Meygret pendant sa direction ; nous l'avons montré désobéissant sans cesse aux ordres du Conseil, mais jusqu'à janvier de cette année il agissait par abstention. Nous allons maintenant le trouver en rébellion ouverte, ne craignant pas de commettre des actes inqualifiables.

Nous avons dit que la conduite de M. Collet Meygret, et les périls auxquels il exposait la société, avaient contraint plusieurs membres du Conseil de quitter Paris pour se rendre à Rome.

Arrivés à Rome, les membres du Conseil avaient dû songer d'abord à conjurer les dangers auxquels les paiements exagérés faits à M. Debrousse sur les situations dressées par M. Collet Meygret, avaient exposé la société vis-à-vis de cet entrepreneur.

Ils avaient dû également, avec l'aide des Ingénieurs de la commission technique, préparer, hâter les projets des sections si négligés par la direction générale et les remettre au Gouvernement afin de conquérir, vis-à-vis de lui, une situation régulière.

Au lieu d'être aidé par le Directeur général, celui-ci troublé dans sa paresse et craignant les conséquences de ses fautes, s'était constitué dès les premiers jours en révolte.

C'était un singulier rôle pour un coupable, et cependant, réflexion faite, c'était peut-être une habileté. Par la révolte et par les calomnies odieuses qu'elle lui permettait de répandre, il pouvait chercher à colorer sa conduite.

Cependant, quelqu'indignés que fussent les Administrateurs, ils avaient mis la plus grande modération dans les résolutions à prendre contre M. Collet Meygret.

Le 5 Février 1859, ils écrivaient à leurs collègues à Paris :

« Nous avons trouvé la situation gravement atteinte, par les fautes « de nos Ingénieurs à Rome. Le Gouvernement Pontifical était justement mé- « content des retards inouïs apportés dans nos études, dans nos travaux de Rome au Pô.

« Les quatre membres du Comité de Direction qui se trouvent actuellement à Rome ont cru nécessaire de prendre des mesures urgentes pour donner immédiatement satisfaction au Gouvernement et lui prouver toute la bonne volonté de la Société.

« En conséquence, ils ont pressé l'envoi des études pour les deux tunnels de Balduini et de Fossato.

« Ces études sont arrivées par le courrier de jeudi matin; aussitôt on a fait traduire et livrer à l'impression les devis et cahiers de charges.

« En outre nous avons jugé nécessaire de faire annoncer par la voie des journaux qu'on pourra prendre communication des projets, devis, cahiers des charges, et soumissionner ces travaux du 15 Février au 15 Mars prochain.

« Nous vous envoyons le projet d'annonce en vous priant de vouloir bien le faire insérer immédiatement.

« Quand nous sommes arrivés à Rome, les études de Rome à Monte Orso étaient présentées au Gouvernement. Nous avons dû les retirer pour les soumettre d'urgence aux deux membres de la Commission technique qui se trouvent en ce moment à Rome.

« Leur examen a amené d'importantes modifications dans les projets, soit par la suppression des tunnels, soit de grands terrassements.

« Nous avons alors rétabli ces projets entre les mains du Gouvernement Pontifical en les complétant par l'adjonction des projets de la section de Monte Orso à Orte.

« Nous pouvons vous annoncer que sous peu de jours nos projets nouveaux seront approuvés par le Gouvernement.

« Les deux membres de la Commission technique s'occupent d'urgence de préparer les cahiers des charges, devis &c, qui depuis si longtemps étaient réclamés à notre Directeur Général des travaux et à l'Ingénieur en chef de la ligne de Rome à l'Adriatique.

« Ces projets, dont rien absolument n'avait été préparé, seront à la disposition du Comité dans quelques jours.

« Vous mettrons alors immédiatement en adjudication cette partie de
« notre réseau comprise entre Rome et Orte, et nous procéderons comme nous
« venons de vous l'indiquer pour les tunnels.

« LL. EE. le Ministre des travaux publics et le Commissaire général
« des chemins de fer ont manifesté aux membres du conseil présents à Rome
« leur satisfaction de ces diverses mesures, et ont montré quelle grande situation
« la Société aurait conquise aujourd'hui à Rome, si le personnel des Ingénieurs avait
« accompli son devoir. »

Seulement, M. Coller Meygret n'y mettait pas la même modération.

Il refusait son concours.

Il insurgeait ses bureaux ; son cabinet était devenu un club où l'on
tenait séance contre le Conseil.

En tous lieux et vis-à-vis de tous il donnait raison à l'Entrepreneur
de Civita et à tous les autres ennemis de la Société.

Le Conseil, dans sa prudence, voulait ajourner les résolutions à
prendre à des moments plus calmes et éloigner momentanément M. Coller
Meygret pour éviter un conflit.

Précisément à ce moment, la correspondance de M. Lagout, Ingénieur
de la Société à Bologne révélait que la plus grande désorganisation régnait
dans le service de la ligne d'Ancône à Bologne.

En conséquence, le 16 Février 1859, la lettre suivante fut
adressée à M. Coller-Meygret.

« Dans le désir d'activer les projets et les travaux sur la ligne
« d'Ancône à Bologne, nous vous avons déjà prié de vouloir bien vous rendre
« sur cette ligne.

« La substitution qui vient d'avoir lieu dans l'entreprise rend votre présence
« actuelle absolument nécessaire, comme vous l'avez du reste reconnu, surtout au
« moment où le nouvel entrepreneur vient de nous adresser une prévision de dépenses
« pour l'année courante, s'élevant à dix millions de francs, et alors que nous
« l'avons autorisée.

« Évidemment vous avez à présider à l'organisation de

« notre surveillance, terminer les études et projets, accélérer les
« expropriations, les ouvertures de chantiers, &c.

« Vous avez en outre à faire dresser la situation de l'entreprise,
« contrôler les approvisionnements, et n'admettre pour les 4/5 de leur
« valeur que ceux qui sont de bonne qualité et de nature à être prochainement
« employés.

« Enfin, les dernières lettres arrivées de Bologne, et dont communication
« nous a été donnée par vous, démontrent qu'il y aurait péril à ajourner plus longtemps
« votre départ.

« Nous vous prions donc de vouloir bien vous rendre à Bologne immédiatement. »

Après tant de fautes, M. Collet-Meygret devait s'empresser de les
atténuer et de faire oublier ses désobéissances antérieures en se rendant
immédiatement aux ordres du Conseil.

Au lieu de cela, savez-vous ce qu'imagina M. Collet-Meygret ?
Un acte inouï dans les annales des Ponts et Chaussées !
Un acte inqualifiable.

À ce moment, la société était en pleine lutte avec M. Debrousse ;
elle avait à se défendre contre les attaques et les calomnies de toute nature.

M. Collet-Meygret répond à la lettre du 16 Février par cette
signification qu'il adresse à la société le 17 Février.

« À la requête de M. Collet-Meygret (Alcide-Louis), Ingénieur du
« Corps impérial des Ponts et Chaussées de France, Directeur général des
« travaux des Chemins de fer de Rome à Civita-Vecchia, et de
« Rome au Pô par Ancône et Bologne, domicilié à Rome au
« palais Sacripanti, rue du Quirinal, n° 67, représenté par Joseph Vojelli, avoué ;

« Soit signifié et déclaré à la Société générale des Chemins de fer romains,

« Que suivant conventions en date du 6 Juin 1857, les fonctions de
« Directeur général des travaux des Chemins de fer de Rome à Civita-
« Vecchia, de Rome à Bologne par Ancône, et de Bologne au Pô par
« Ferrare, ont été conférées au requérant par ladite société pour cinq années,

« Que, sans avoir égard à cette qualité, et par lettre du 9 Février

« courant—, le requérant a été avisé de la nomination d'un St. Lair, comme ingénieur
« de la Section de Rome à Monte-Orso, sans que ce choix ait été proposé par le
« requérant, comme c'était son droit ;

« Qu'en agissant de cette façon un administrateur pourrait préparer les
« contrats, choisir les entrepreneurs des travaux, traiter avec eux, en désigner les agents
« et ingénieurs chargés de les surveiller, sans que le Directeur-général des travaux les
« ait acceptés ou proposés, ce qui est incompatible avec la responsabilité et aussi
« avec l'existence d'un Directeur-général ;

« Que des calomnies odieuses, portant atteinte à l'honneur et à la capacité
« des ingénieurs de la Société ont été répandues par certains membres de la dite
« Société ;

« Que ces calomnies ressortent d'une lettre du 9 février courant signée
« Cochery, administrateur délégué, et résultent aussi d'une déposition consignée dans
« un acte notarié et signé J. Mirès, imprimée et distribuée aux juges de la Rote,
« par le Sr. François Gabaud, dans laquelle il est dit que le requérant aurait
« écrit le 2 Décembre 1857 en faveur de Debrousse contre Gabaud, tandis
« que dans cette lettre le requérant s'est uniquement borné à soutenir les intérêts
« de la Société ;

« Que par lettre du 16 Février courant No. 2167, la Société a soumis
« à Son Excellence le Duc commissaire près les Chemins de fer, des projets d'ouvrages
« d'un inconnu au requérant, Directeur-général des travaux ; bien qu'il doive
« répondre de leur exécution ;

« Que les Clauses et Conditions générales imposées aux entrepreneurs de la
« Société confèrent aux Ingénieurs en Chef tous les droits du Directeur général des
« travaux ;

« Que les lignes tracées par M. Froyer, sous le Contrôle du Directeur-général
« des travaux et de l'Ingénieur en Chef sous Directeur, avaient assuré la prompte et
« facile exécution de la ligne de Rome à Ancône avec des courbes d'un grand rayon ;

« Que le Comité de Direction a fait refaire les lignes indiquées sur les
« plans par deux ingénieurs qui n'ont jamais vu le terrain, que ces ingénieurs ont
« rendu le tracé tortueux en y introduisant un grand nombre de courbes d'un petit rayon
« et ont allongé et rendu l'exploitation difficile et dangereuse ;

« Que ce travail, fait dans le but d'économies mesquines dans les dépenses

« de construction, chargera l'exploitation de frais énormes et dispendieux et produira

« dans l'avenir les conséquences les plus regrettables ;

« Que tous ces frais prouvent l'intention de la Société de contraindre

« violemment les ingénieurs à renoncer à leur service afin d'éluder ainsi, s'il lui est

« possible, l'obligation de leur payer les indemnités ou primes auxquelles ils ont droit,

« laquelle intention s'étend aussi au requérant, Directeur-général des travaux dont il

« s'agit.

Nous arrêterons ici le récit pour répondre immédiatement à cette

signification, montrer combien elle était mensongère et méchamment combinée.

1re Objection. — « Que, sans avoir égard à cette qualité et par lettre du

« 9 Février courant, le requérant a été avisé de la nomination d'un Sieur Lair, comme

« ingénieur de la section de Rome à Monte-Orso, sans que ce choix ait été proposé

« par le requérant, comme c'était son droit :

Réponses = 1° M. Collet-Meygret étant à Rome ne pouvait

choisir lui-même ses agents en France.

Aussi ce rôle était-il généralement réservé aux membres de la

Commission technique.

La preuve, c'est que, quelques semaines avant la nomination de M.

Lair, le Conseil avait nommé, sans propositions, à la demande de M. Soirée,

Conseil à Paris, M.M. Conord & Moreau.

Ils furent envoyés à Rome, et jamais M. Collet-Meygret ne s'est

plaint.

2° Quand les Administrateurs arrivèrent à Rome, ils trouvèrent le

personnel choisi par M. Collet-Meygret tellement faible, tellement insuffisant,

qu'ils jugèrent nécessaire de lui adjoindre un homme capable, ayant fait des preuves

depuis longtemps.

C'est pourquoi M. Lair fut nommé.

3° M. Collet-Meygret n'a qu'à prendre son traité, il y verra que le

Conseil d'administration s'est réservé liberté entière d'appréciation.

M. Collet-Meygret s'engage à diriger exclusivement la construction des

« chemins sus-énoncés, en se conformant sur toutes choses aux instructions du

Conseil d'Administration.

.... " Art. 6. – Le Conseil d'Administration n'aliène en aucune
" façon aucun de ses Droits relatifs à la direction complète de l'affaire,
" et notamment ceux d'indiquer le mode ou le système de Construction, de choisir les entrepreneurs
" de la construction et de l'armement et de stipuler avec eux les conditions et les charges
" qui lui conviendront et, ultérieurement aux traités, ceux d'aviser comme le
" Conseil l'entendra sur l'exécution. "

4° Maintenant qu'on nous explique ce que signifie sérieusement
cette réclamation de M. Collet-Meygret.

Quelles objections a-t-il pu faire contre M. Lair ? la nomination de cet
ingénieur date du mois de Janvier 1859 ?

À ce moment, toutes les fautes de M. Collet-Meygret étaient
commises, toutes étaient révélées au Conseil.

Croit-on que le Conseil ne devait pas à ce moment d'adopter des mesures de
prudence, de force majeure ?

Il faut du courage à M. Collet-Meygret pour oser réclamer.

2° Objection. – " Qu'en agissant de cette façon, un Administrateur pourrait
" préparer les contrats, choisir les entrepreneurs des travaux, traiter avec eux, et désigner les
" ingénieurs ou agents chargés de les surveiller, sans que le Directeur des travaux les ait
" acceptés ou proposés, ce qui est incompatible avec la responsabilité et aussi avec l'existence
" d'un Directeur général. "

Réponse. – M. Collet-Meygret veut-il parler en général ? Qu'il prenne
et lise son contrat : les droits du Conseil d'Administration sont pleinement réservés,
ainsi on stipule :

" M. Collet-Meygret s'engage à diriger exclusivement la construction des chemins
" sus-énoncés, en se conformant en toutes choses, aux instructions du Conseil d'Administration. "

" Art. 6. – Le Conseil d'Administration n'aliène en aucune façon aucun de
" ses droits relatifs à la direction complète de l'affaire, et notamment ceux d'indiquer
" le mode ou le système de Construction, de choisir les entrepreneurs de la Construction et de
" l'armement et de stipuler avec eux les conditions et les charges qui lui conviendront, et,
" ultérieurement aux traités, ceux d'aviser comme le Conseil l'entendra sur l'exécution. "

Veut-il faire une allusion particulière ?

Veut-il répéter ici indirectement les odieuses calomnies qu'on affirme qu'il cherche à insinuer partout ?

Ce serait une indignité !

Qu'il ose donc alors préciser.

La Société dira nettement les reproches qu'elle adresse à M. Collet-Meygret, et ils sont tellement énormes qu'on comprend l'hésitation qu'elle a dû mettre à les imputer à un membre du corps des Ponts et Chaussées ; mais elle a dû obéir à son devoir.

Nous insistons avec la plus grande énergie, et certains de la loyauté du Conseil nous portons un défi à M. Collet-Meygret d'articuler le moindre grief ; la Direction du Conseil d'Administration a toujours été loyale, honnête et dévouée, et il est bien temps qu'elle soit lavée de toutes ces attaques qui s'abritent sous l'anonyme.

Que M. Collet-Meygret articule ici ce qu'on prétend qu'il dit tout bas.

S'il garde le silence, qu'il soit bien constaté qu'il a osé, dans un acte judiciaire, <u>calomnier odieusement</u> le Conseil dont il relève, et qu'interpellé directement il a dû se désavouer par son silence.

Après cela, le Jugement contre M. Collet-Meygret pourra être rendu.

3ᵉ Objection. « Que des calomnies odieuses portant atteinte à l'honneur et à la « capacité des ingénieurs de la Société ont été répandues par certains membres de la dite Société.

Réponse. Jamais la Société n'a pris la voie d'actes judiciaires pour lancer ses injures.

M. Collet-Meygret nous étonne donc dans son observation.

S'il veut dire par là que le Conseil l'a appelé, l'a vertement réprimandé, il a raison.

Quand le Conseil a vu les fautes de M. Collet-Meygret, son refus de services, ses désobéissances, sa révolte et ses provocations à la rébellion des employés, il s'en indigne.

Savez-vous ce dont plusieurs membres du Conseil ont été témoins ? Nous allons vous citer au hasard une scène, pour que vous puissiez apprécier les impressions qu'ils devaient avoir.

Le Gouvernement trouvait détestable les travaux de M. Debrousse ; en outre, il était avéré que ces travaux n'étaient pas conduits avec une activité suffisante.

Le Gouvernement envoie une Commission d'Ingénieurs attachés au Conseil d'État.

L'Entrepreneur, accompagné de tous ces ingénieurs, est là, montrant la plus grande ardeur, discutant sur tout; alléguant à chaque instant des faits erronés.

M. Collet-Meygret assiste les quatre membres du Conseil présents à la visite.

Nous affirmons que pendant toute la visite, qui a duré une journée entière, le long du parcours de toute la ligne, M. Collet-Meygret n'a pas trouvé un mot pour expliquer, soutenir ou défendre les intérêts de la Société. Nous ne nous rappelons lui avoir entendu dire que quelques mots, qui prouvaient avec quelle insouciance il assistait aux débats!

Comprend-on ce que les membres du Conseil devaient souffrir?

Nous continuons l'examen de la signification.

4e Objection. « Que ces calomnies ressortent d'une lettre du 9 février courant, « signée Cochery, administrateur délégué, et résultent aussi d'une déposition consignée dans un « acte notarié et signé J. Mireur, imprimée et distribuée aux juges de la Rote, par le « Sieur François Gabaud, dans laquelle il est dit que le requérant aurait écrit le 2 « Décembre 1857 en faveur de Debrousse contre Gabaud, tandis que dans cette lettre, le requérant « s'est uniquement borné à soutenir les intérêts de la Société.

« Réponse. — Singulière manière de parler avec le respect dû par M. Collet-Meygret aux membres du Conseil d'Administration dont il était le subordonné au moment de la signification.

Mais que sont ces deux faits dont parle M. Collet-Meygret?

Dans une lettre du 9 février 1859, M. Cochery, administrateur délégué, donne des instructions à M. Collet-Meygret pour la surveillance de certains travaux; et à ce propos, il lui recommande de ne pas laisser renouveler le scandale des mauvais matériaux employés par l'entrepreneur sur la ligne de Civita-Vecchia.

C'est là ce qui blesse M. Collet-Meygret!

Il ne permet plus au Conseil de trouver que sa surveillance a été insuffisante et de l'engager à l'avenir à la rendre plus sévère.

Mais alors, il devrait demander la suppression de tous les rapports des ingénieurs du Gouvernement et des dépêches ministérielle qui signalent les mal-façons de toute espèce sur le chemin de Civita. Il devrait supprimer tous ces ouvrages d'art de la ligne de Civita-Vecchia qui parlent plus haut que les dépêches, et qui, tous sans exception, ont fait preuve, plus ou moins de leurs mal-façons.

Ces matériaux des bâtiments de Civita-Vecchia ont été condamnés par M. Collet-Meygret lui-même, et il faut qu'ils aient été bien mauvais, car M. Collet-Meygret n'ouvre les yeux et ne les condamne que quand l'évidence est complète; en effet, dans une note faite par lui il le dit formellement.

Quant à la déclaration de M. Mirès, rien n'est plus simple.

On a vu combien le Conseil s'était plaint de ce que les procès contre M. Debrousse et M. Gabaud, arrêtaient la construction des bâtiments des gares et stations.

Le Conseil ne voulait pas se mêler à ces procès; il ne connaissait que M. Debrousse et entendait contraindre celui-ci à travailler.

M. Collet-Meygret imagina de venir en aide à M. Debrousse dans ses procès contre Gabaud, et pour cela, il lui écrivit une lettre pour lui déclarer qu'il n'accepterait pas Gabaud comme sous-entrepreneur.

Ce fait ne fut connu du Conseil que plusieurs mois après qu'il eut été accompli; M. Collet-Meygret ne prit pas même soin d'en donner connaissance officielle.

Aussi l'administrateur délégué, le 9 Mars 1858 écrivit à M. Collet-Meygret:

« Expliquez-vous avec lui (Debrousse) à cet égard. Il nous faut une décision formelle,
« nous n'avons pas à le suivre dans son imbroglio de procès, aussi je regrette que pour lui venir en
« aide, vous ayez pris sur vous de refuser Gabaud. »

« Il en résultera que quand nous nous plaindrons à Debrousse des retards qu'apportent
« ces procès il nous en imputera la faute. »

Or, dans le procès pendant entre M. Debrousse et M. Gabaud, celui-ci fit par huissier, une interpellation judiciaire à M. Mirès, de déclarer pourquoi on l'avait refusé comme sous-entrepreneur.

M. Mirès dut déclarer la vérité, et c'est ce qu'il fit.

Est-ce donc cette vérité qui blesse M. Collet-Meygret?

5ᵉ Objection. « Que par lettre du 11 février courant Nᵒ 2167, la Société a soumis
« à Son Excellence le Duc Commissaire près les Chemins de fer, des projets d'ouvrages d'art inconnus
« au requérant, Directeur-Général des travaux, bien qu'il doive répondre de leur exécution.

Réponse: Ces projets ont été envoyés d'abord par le Directeur-général.

Ils ont été examinés et modifiés par M. Poirée, conseil de la Compagnie.

Le Conseil avait, aux termes du traité avec M. Collet-Meygret, le droit de les arrêter comme il le jugerait convenable, et vraiment la réclamation de M. Collet-Meygret, est bien singulière. Il proteste toujours quand le Conseil a pu terminer.

un travail et le remettre enfin au gouvernement. Il semblerait vouloir tout arrêter, tout remettre en question, et empêcher ainsi un commencement d'exécution.

6ᵉ Objection : « Que les clauses et conditions générales imposées aux entrepreneurs « De la Société confèrent aux Ingénieurs en Chef tous les droits du Directeur général des « travaux.

Réponse : Nous produisons ce cahier des charges comprenant toutes les « conditions auxquelles la Société consent à traiter avec les Entrepreneurs.

Il a été rédigé par la Commission technique :

Il a été envoyé depuis longtemps à M. Collet-Meygret, qui n'a fait aucune observation et l'a fait communiquer à ceux qui ont pris communication des cahiers des charges pour la pose de la voie et les traverses ; Il a même été depuis modifié en certains points par le Conseil et sur sa propre initiative.

L'argument de M. Collet-Meygret est incompréhensible.

7ᵉ Objection. « Que les lignes tracées par M. Troyon sous le contrôle du Directeur « général des travaux et de l'Ingénieur en Chef Sous Directeur, avaient assuré la prompte et facile « exécution des travaux de la ligne de Rome à Ancône, avec des courbes d'un grand rayon.

« Que le Comité de direction a fait refaire les lignes indiquées sur les plans « par deux Ingénieurs qui n'ont jamais vu le terrain, que ces Ingénieurs ont rendu le tracé « tortueux en y introduisant un grand nombre de courbes d'un petit rayon, au moyen « desquelles ils l'ont allongé et rendu l'exploitation difficile et dangereuse

« Que ce travail fait dans le but d'économies mesquines « dans les dépenses de construction, chargera l'exploitation de frais « énormes, et produira dans l'avenir les conséquences les plus « regrettables.

« Que tous ces faits prouvent l'intention de la Société « de contraindre violemment les Ingénieurs à renoncer à leur « service, afin d'éluder ainsi, s'il lui est possible, l'obligation de leur « payer les indemnités et primes auxquelles ils ont droit, laquelle « intention s'étend clairement aussi au requérant, Directeur Général des « travaux dont il s'agit.

Réponse. — Cette objection est une mauvaise action de la part « du Directeur Général d'une Compagnie.

La signification n'a été faite que dans le but d'insérer cette objection, et d'en faire une délation contre la Compagnie.

Quand on est au service d'une Compagnie, quand on touche annuellement 50,000 francs, on peut avoir des difficultés avec elle, les faire trancher par les arbitres; mais il n'est pas convenable de chercher le scandale et surtout de tenter de compromettre les intérêts de la Compagnie par une dénonciation.

Comment, c'est M. Collet-Meygret, l'employé de la Compagnie, alors qu'il est encore à son service, qui se permet d'éveiller les craintes du Gouvernement Pontifical contre la Compagnie.

On ne saurait trop condamner une pareille conduite, et on voit clairement quel en est le but: il voulait dire, en réalité, par sa signification: Renvoyez-moi, mais donnez-moi une indemnité, sinon . . . .

Et en effet cette signification était faite au moment où la Société était en lutte avec l'entrepreneur Debrousse.

Ajoutons un mot de réponse directe à cette partie de la signification.

On a vu comment M. Collet-Meygret procédait pour les études, et on n'a pas oublié que le Conseil était sans cesse obligé de renvoyer les études pour qu'elles fussent refaites, revisées, contrôlées, etc. . . . .

Celles que les administrateurs trouvèrent à Rome, étaient dans la même situation.

Le Conseil avait près de lui des gens d'âge, d'expérience, de bonne volonté, et surtout de dévouement, et en appela à leur expérience.

Ils prirent ces études, les examinèrent; ils les trouvèrent mauvaises en beaucoup de points, mauvaises pour la construction, mauvaises pour l'exploitation; en conséquence, ils se mirent à l'œuvre de révision.

Il est matériellement faux que la Commission Technique se soit proposé pour but unique l'économie dans la construction.

Elle s'est constamment préoccupée des besoins de l'avenir et des difficultés de l'exploitation, mais en faisant entrer en même temps en ligne de compte les devoirs du Conseil envers les actionnaires, de ne pas outrepasser d'une manière excessive le capital social et les conditions du cahier des charges dans les limites desquelles on s'est largement tenu.

Dans bien des circonstances les déclivités ont été diminuées, les courbes adoucies, en même temps que la dépense a été partout considérablement réduite.

Il est matériellement contraire à la vérité que la Commission ne se soit rendu aucun compte des difficultés spéciales du terrain.

L'un des membres a parcouru les lots qui avoisinent Rome avec un des Administrateurs Italiens qui connaît le mieux le pays ; en outre, ils ont eu constamment près d'eux M. Troyer et ses agents, les seuls qui connussent réellement le terrain et qui en aient réellement vu les difficultés.

Il est résulté de l'examen de la Commission que les Ingénieurs n'étaient pas du tout au courant de ces difficultés, bien qu'il fut possible de constater qu'ils avaient peut-être fait, de jour ou de nuit, un voyage en voiture ou autrement le long de la ligne. Leur hésitation, leurs contradictions, les rectifications de leur dire par M. Troyer, le relevé de leurs déplacements, tout concourt à prouver qu'ils n'avaient sérieusement étudié ni le terrain, ni les prix, ni les plans.

Ils ont été constamment appelés, soit par lettre de la Commission technique, soit verbalement à revoir les études ; c'est leur mauvaise volonté ou leur refus de concours dont ils se font aujourd'hui un grief contre la société dont ils ont abandonné les intérêts.

M. Troyer avait établi pour les parties très difficiles des plans à courbes horizontales de 2m en 2m de hauteur.

Pour les parties moins difficiles des plans cotés assez étendus pour renfermer l'étude de plusieurs variantes.

Tous les ingénieurs qui ont sérieusement et consciencieusement travaillé savent que c'est sur les plans cotés qu'on peut étudier avec sûreté, avec maturité toutes les meilleures directions à suivre au point de vue de la construction et de l'exploitation.

C'est ce travail, entièrement négligé par les Ingénieurs, que la Commission technique a fait, en se tenant toujours très en dedans des limites autorisées par le cahier des charges, en améliorant dans un grand nombre de cas les courbes et les déclivités, notamment à la sortie des souterrains de Baldumi et de Fossato.

« Aucun plan parcellaire n'était fait sur le terrain » C'est une assertion contraire à la vérité; pour quelques parties M. Freyer avait fait calquer au Censo des plans de parcelles.

Les plans à courbes horizontales et les plans cotés ont été remis aux Ingénieurs et à leurs agents, afin que ces études fussent complétées, rapportées sur le terrain et piquetées. Les nouveaux profils en long sont très-supérieurs aux anciens au point de vue de la dépense et de l'exploitation dans toutes les parties, et notamment dans la première du nouveau tracé. Affirmer le contraire est volontairement s'écarter du vrai et faire un jeu de mots! Si, sur un ou deux profils, les agents chargés de piqueter la ligne ont trouvé un désaccord entre le terrain et le plan, c'est que les cotes des profils en travers avaient été retournées sur les plans. Cela prouve une négligence de plus dans la surveillance du travail par les Ingénieurs.

Les indications de la Commission technique ont été faites sur les plans cotés et à courbes horizontales; M. Collet-Meygret et ses agents devaient exécuter les modifications, les faire sur le terrain, les piqueter, les vérifier. C'est ainsi que se font les études sérieuses. C'est sur des plans cotés que l'on trace, non pas au hasard, mais avec sûreté, maturité et ensemble les lignes d'un tracé.

C'est sur le terrain que l'on étudie les ouvrages d'art et leurs emplacements.

En critiquant la méthode et en déclarant qu'il n'y est pas intervenu, M. Collet-Meygret atteste sa négligence nonchalante et son manque à tous les devoirs de l'Ingénieur et du Directeur. M. Collet-Meygret a voulu fuir l'examen; cet examen n'est pas autre que celui qui est fait par le Conseil Général des Ponts-et-Chaussées, pour les études de toute la France sans que le Conseil se transporte sur les lieux vérifier l'exactitude des données.

Enfin, pour nous résumer sur ce point, le Conseil d'administration n'a en aucune façon, aliéné sa liberté vis-à-vis de M. Collet-Meygret; il l'a au contraire, parfaitement conservée. Il suffit de se rappeler le traité.

« M. Collet-Meygret s'engage à diriger exclusivement la construction

« des chemins sus-énoncés ; en se conformant sur toutes choses, aux
« instructions du Conseil d'Administration.

« Art. 6. Le Conseil d'Administration n'aliène, en aucune façon,
« aucun de ses droits relatifs à la direction complète de l'affaire, et notamment
« d'indiquer le mode ou le système de construction ; de choisir les entrepreneurs de
« la construction et de l'armement, et de stipuler avec eux les conditions et les
« charges qui lui conviendront, et, ultérieurement aux traités, ceux d'aviser
« comme le Conseil l'entendra, sur l'exécution.

Ce qui rend les récriminations de M. Collet-Meygret d'autant
plus singulières, c'est que, quand la société était engagée par un traité
à forfait vis-à-vis de M. Sarti, et qu'ainsi elle ne pouvait profiter des
économies que produisent souvent les courbes à court rayon, M. Collet-
Meygret avait alors admis dans le tracé présenté par l'Entrepreneur
une courbe de 300 mètres de rayon entre Rome et Orte, alors que le
Cahier-des-Charges n'admettait comme minimum que 350 mètres de rayon.

M. Collet n'avait donc pas le droit de se plaindre.

Mais il a fait plus que d'avoir tort, il a employé une forme inqualifiable vis-à-vis de la Société qui le payait.

Il faut du courage pour avoir manqué à son mandat comme il
l'a fait, et terminer par un pareil acte.

Cependant, en présence de cette signification, le Conseil conserva
toute sa modération, et pour empêcher tout éclat, il eut soin de ne pas y
répondre, et de renouveler seulement à M. Collet-Meygret l'intimation de
se rendre à Bologne.

M. Collet-Meygret hésita plusieurs jours, chercha à parle-
menter, puis se décida à partir.

Le 22 Février 1859, la lettre suivante lui fut adressée à Bologne.

« La Compagnie désire ouvrir la ligne de Rimini à Bologne vers la
« fin de l'année, le Comité se préoccupe des moyens de faciliter ce résultat, que l'en-
« trepreneur lui-même veut obtenir, et pour lequel il a demandé des crédits consi-
« dérables.

« Deux questions peuvent entraver la marche rapide des travaux,
« celle des acquisitions de terrains et celle des grands ouvrages d'art dont les
« projets n'ont pas encore été présentés.

« Le Comité a décidé que pour faire disparaître les lenteurs inévitables
« dans un service de correspondance entre vous, les entrepreneurs et l'Ingénieur en
« Chef de Bologne, vous serez invité à rester à Bologne, jusqu'à ce que les der-
« niers terrains soient livrés, et jusqu'à ce que les projets des grands ouvrages
« d'art, sans exception, soient dressés et acceptés tant par vous que par les
« entrepreneurs.

« Veuillez vous tenir au courant, par des communications fréquentes
« de l'avancement de ces diverses questions, afin que nous puissions juger du
« moment où nous pourrons vous appeler à Rome sans inconvénient ».

M. Collet-Meygret n'en tint pas compte.

Il s'était rendu à Bologne comme pour y faire une visite; il n'y
fit rien, n'organisa rien, n'y prit aucune mesure, et se hâta de revenir à
Rome, malgré les injonctions du Conseil.

Il faut avouer que M. Collet-Meygret comprend singulièrement
ses devoirs.

Il revenait à Rome, parcequ'c'était là le lieu où il espérait effrayer
la Société par la crainte du scandale.

Et cependant on avait tout épuisé pour terminer amiablement avec lui.

Avant son départ pour Bologne, on lui avait offert de prendre
pour arbitre des difficultés qui pouvaient exister entre lui et la Société, un
membre du Corps des Ponts-et-Chaussées.

Il avait refusé:

Alors qu'il était à Bologne, un membre du Conseil lui avait écrit
pour l'engager à se rendre à Paris, afin d'y régler d'une façon convenable
sa retraite.

Ce n'est pas ce que veut M. Collet-Meygret; il spécule sur le scandale
d'un procès. Aussi, à des lettres bienveillantes et empreintes de désirs amiables,
il répond par cette signification du 8 Mars :

« A la requête de M. Louis-Alcide Collet-Meygret, Ingé-
« nieur des Ponts et Chaussées de France, Directeur Général des tra-
« vaux du Chemin de fer de Rome à Civita-Vecchia et de Rome au Pô par
« Ancône et Bologne, domicilié à Rome, palais Sacripanti, rue du Qui-
« rinal, 7, représenté par Joseph Vaselli, avoué.

« Soit signifié et déclaré à la Société Générale des Chemins de fer
« Romains, ligne Pio-Centrale, et pour elle à M. le Baron Célestin de Pontalba,
« Administrateur délégué à Rome, domicilié au palais Filippani, place de la
« Pilotta.

« Que le requérant s'est rendu à Bologne pour s'assurer de la marche des
« expropriations et de la rédaction des projets des grands ouvrages d'art.

« Que tout ce qu'il y avait à faire dans cette ville pour les
« intérêts de la Société avait été terminé par lui dans la journée du 26
« Février, et qu'en conséquence il avait dû, ce jour-là, reprendre la route
« de Rome où l'appelaient des affaires de la plus haute importance,
« relatives tant au service général qu'aux lignes de Rome à Civita-
« Vecchia et Ancône.

« Que le 22 Février, M. Mirès, Administrateur, lui écrivit une lettre
« portant le N° 65, existant aux Archives du Secrétariat de la Société à Rome,
« par laquelle il l'invitait à rester indéfiniment à Bologne, en invoquant des
« motifs qui n'ont rien de sérieux.

« Qu'il était évident pour M. Collet-Meygret, que l'éloignement dans
« lequel on voulait le tenir avait pour but la continuation de manœuvres cons-
« tatées dans une protestation antérieure et non l'utilité de la Société.

« Qu'étant responsable de l'accomplissement du mandat qui lui avait
« été donné pour la Direction Générale des travaux, nul autre que lui ne peut
« être juge de ce qu'il doit faire en vertu de sa responsabilité.

« Que M. Mirès, en invitant M. Collet-Meygret à rester indéfiniment
« à Bologne, et en changeant ainsi arbitrairement le lieu de sa résidence, commettait
« une violation formelle des engagements qui lient la Société à M. Collet-Meygret.

« Que le Samedi, 5 Mars, il a reçu à Rome la lettre inqualifiable qui lui avait été adressée à Bologne par M. Mirès, conçue dans les termes suivants :

« Monsieur, après en avoir conféré avec M. le Duc de Grammont, je
« lui ai fait connaître l'intention du Comité de Direction, de vous appeler à Paris
« pour régler d'une façon convenable votre retraite de la Société des Chemins de fer
« Romains.

« Les intentions de M. le Duc de Grammont — et le souvenir de mes relations
« avec votre frère se sont réunis pour vous assurer que tout se terminera de façon à
« à ce que la dignité du Conseil d'Administration, ainsi que la vôtre, soient sauvegardées.

« Je vous prie, en conséquence, au nom du Comité de Direction, de vous
« trouver à Paris du 10 au 15 Mai ; le Comité le désire également — et vous invite à
« vous diriger sur Paris, sans retourner à Rome — Agréez, etc. — Signé : J. Mirès. »

« Qu'il résulte de cette lettre que M. Mirès donne fin, au nom du Co-
« mité de Direction et indépendamment de la volonté de M. Collet-Meygret, au
« mandat qui lui a été donné par le traité du 6 Juin 1857.

« Que d'autre part, le siège de la Société étant à Rome et le seul administra-
« teur qui ait pouvoir de représenter la Société dans cette Capitale étant M. le Baron
« Pontalba, rien ne prouve que M. Mirès ait qualité pour engager, par sa seule signa-
« ture le Conseil d'Administration et la Société.

« Par ce motif, le requérant déclare par les présentes notifier à la Société
« la lettre ci-dessus transcrite de M. Mirès et la mettre en demeure d'avoir, dans le délai
« de dix jours des présentes, à lui faire connaître si le Conseil d'Administration spécialement con-
« voqué a autorisé et approuvé la décision résultant de cette lettre, ou s'il prétend l'an-
« nuler, et supprimer par cela même les actes attentatoires à ses droits indiqués et
« dénoncés dans la protestation du 17 février dernier.

« Lui déclarant, en outre, qu'à défaut de réponse dans le délai fixé, la
« dite lettre sera considérée comme écrite avec l'autorisation et l'approbation de
« la Société et ce pour tous les effets de droit.

« Sous la réserve que fait le requérant de se pourvoir devant le Tribunal de
« Commerce de cette ville pour l'exécution des conventions stipulées à son profit
« dans le contrat et en contraindre la Société à lui payer la prime et l'indemnité sti-
« pulées à son profit par le traité du 6 Juin 1857, ainsi que pour tous dommages

40

« intérêts et sous toutes autres réserves de droit »"

C'est toujours le même système !

M. Collet-Meygret altère, transforme le sens des lettres qui lui sont adressées.

Le Conseil n'avait pas changé la résidence de M. Collet-Meygret ; seulement il avait exigé qu'il remplît à Bologne un devoir trop longtemps négligé ; il lui avait imposé de l'accomplir de manière à ne plus avoir d'inquiétude sur la ligne d'Ancône.

Avec ce motif, bien suffisant, se combinait la nécessité d'éloigner M. Collet-Meygret momentanément de Rome, à raison de la situation qu'il y avait prise.

Mais c'est précisément ce dernier motif qui entraînait M. Collet-Meygret à négliger complètement son devoir.

Le Conseil, fort de son bon droit, persiste dans la plus grande modération.

Au lieu de répondre judiciairement, il appelle M. Collet-Meygret au Conseil.

Voici le procès-verbal de la séance du 9 Mars 1859.

. . . .

« M. Raynouard expose que l'objet de la réunion <u>était d'entendre</u>
« <u>M. Collet-Meygret</u> dans les explications qu'il désire soumettre au Conseil ;
« mais qu'en l'état de la nouvelle signification faite hier-soir par M. Collet-
« Meygret, en l'ignorance où se trouvait la plupart des membres du Conseil de la
« précédente signification, il y avait lieu de surseoir jusqu'après communication de ces
« pièces. A cet effet, M. Raynouard propose de faire adresser à chaque administra-
« teur une copie des deux significations, afin qu'au jour de la discussion, chacun en
« ait pris connaissance. Comme ces pièces doivent également être adressées à Paris,
« M. Raynouard propose d'ajourner la discussion avec M. Collet-Meygret.
« Cet ajournement est adopté » . . . .

« Le projet de la 5ᵉ Section de la ligne de Rome à l'Adriatique est soumis
« au Comité.

« Le projet est incomplet ; la signature des Ingénieurs n'y est
« point apposée.

« Le Comité charge son Vice-Président, M. le Comte Antonelli, de
« faire rentrer les Ingénieurs dans la marche la plus naturelle aux intérêts sérieux
« de la Compagnie en leur faisant signer les projets par eux remis et dont le
« Gouvernement réclame le dépôt, faute duquel la Société est déchue de plein droit
« de sa concession.

. . . .

Le 15 Mars, nouvelle séance, dont voici également le procès-verbal.

. . . .

« M. Raynouard expose au Comité qu'il a à examiner au point de vue
« légal les deux significations faites par M. Collet-Meygret à la Société ; que ces
« actes extra-judiciaires et les prétentions et allégations qui y sont formulées
« constituent un renversement complet des convenances et de la hié-
« rarchie administrative ; la dernière des deux significations, celle du 8 Mars
« courant, est une sorte de mise en demeure à l'encontre de la Société à l'effet de dé-
« clarer certains faits dans un délai de dix jours.

« La Compagnie ne peut rester ainsi sous les comminations du Direc-
« teur Général des travaux. M. Raynouard propose d'appeler M. Collet-Meygret
« au sein du Conseil pour protester énergiquement contre sa façon d'agir. Cette pro-
« position est acceptée à l'unanimité. M. Raynouard est chargé d'exposer les faits
« et d'être l'organe du Comité en cette circonstance.

« M. Collet-Meygret est introduit :

« M. Raynouard prend la parole. . . . .

. . . .

« À la date du 17 Février dernier et 8 Mars courant M. Collet-Meygret
« a fait notifier à la Société les deux sommations dont je vais avoir l'honneur de
« vous donner lecture.

« (M. Raynouard lit ces deux pièces)

« Je n'ai pas besoin, Messieurs, d'insister sur la forme insolite
« de ces procédés.

« Quant au fond, nous ne l'examinerons pas aujourd'hui. M.
« Collet-Meygret a désiré un débat devant le Conseil ; nous entendrons
« ses explications, aussitôt que nous aurons reçu les pièces que nous avons
« demandées à Paris.

« Mais il est un point dont la discussion ne peut être différée, parce qu'un
« plus long retard causerait d'irréparables préjudices à la Société. Je veux
« parler de la position actuelle de M. Collet-Meygret et de la nature
« du concours qu'il est tenu de nous donner.

« Le 25 Février dernier, M. Mirès écrivait à M. Collet-Meygret
« la lettre suivante :

« Monsieur,

« Après en avoir conféré avec M. le Duc de Grammont, je lui ai fait
« connaître l'intention du Comité de Direction de vous appeler à Paris, pour régler
« d'une façon convenable votre retraite de la Société générale des Chemins de fer Ro-
« mains.

« Les intentions de M. le Duc de Grammont et les souvenirs de mes
« relations avec votre frère se sont réunis pour vous assurer que tout se terminera
« de façon à ce que la dignité du Conseil, ainsi que la vôtre, soient sauvegardées.

« Je vous prie en conséquence, au nom du Comité de Direction, de vous
« trouver à Paris du 10 au 15 Mars, le Comité le désire également, et vous invite à
« vous diriger sur Paris, sans retourner à Rome.

Agréez, etc. Signé : J. Mirès

« Cette lettre n'avait sa raison d'être que dans une communauté de vues
« entre M. Mirès et M. Collet-Meygret ; ce dernier ayant manifesté son dis-
« sentiment par son refus de se rendre à Paris dans le délai fixé ; la lettre
« dont il s'agit s'est trouvée par la seule force des choses nulle et non avenue,
« et M. Collet-Meygret reste ainsi le Directeur Général des travaux dans
« les termes de son traité du 5 Juin 1857, sauf les réserves et les griefs que
« la Compagnie peut se croire fondée à arguer contre lui. »

A ce titre M. Collet-Meygret doit son concours franc et loyal à la
« Société jusqu'au moment où il pourra plaire au Conseil qu'il en soit autrement.

« Eh bien, en ce moment, M. Collet-Meygret ne donne pas ce
« concours. Il refuse de signer l'expédition des études de Rome à Orte, dont
« l'original a été signé par lui et M. La Rivière et déposé au Ministère des
« Travaux Publics.

« Il refuse également de signer le projet de la 5e Section de Foligno
« à Fossato sous le prétexte que des modifications ont été introduites par la Com-
« mission technique, comme si le Conseil d'Administration n'avait pas le droit
« de réviser les travaux de ses Ingénieurs et les modifier dans l'intérêt de
« la Société.

« Ce refus de concours apporte un préjudice irréparable à la Compa-
« gnie en rendant impossible la remise des études réclamées par le Gouvernement.
« Il est du devoir du Conseil d'administration de mettre un terme à une pareille situation.

« En conséquence, j'ai l'honneur de soumettre à votre approbation les
« résolutions suivantes :

« 1° Décider qu'en l'état des explications qui précèdent, la lettre du 25
« Février de M. Mirès est devenue sans objet et demeure comme non avenue ; qu'en
« conséquence M. Collet-Meygret n'a pas cessé d'être Directeur Général des Travaux,
« sauf les réserves et les griefs que le Conseil d'Administration pourra juger
« à propos de formuler contre lui et sous toutes protestations de droit à raison des
« deux sommations notifiées, sur sa requête, à la Société le 17 Février dernier et le 8
« Mars courant.

« 2° Demander audit M. Collet-Meygret, ici présent, s'il entend oui ou non
« fournir à la Société le concours auquel il est tenu, en signer les études dont il a été parlé
« ci-dessus.

« 3° En cas de silence ou de refus, de la part de M. Collet-Meygret, en prendre
« note pour agir ultérieurement, ainsi que le Conseil d'administration avisera.

« Ces trois propositions sont adoptées à l'unanimité. M. Collet-Meygret dit
« que les faits annoncés par M. Raynouard ne sont pas les seuls sur lesquels il n'est pas
« d'accord avec la Société.

« M. Raynouard répond qu'il ne s'agit pas aujourd'hui d'ouvrir un débat sur la
« généralité des prétendus griefs de M. Collet-Meygret à l'encontre de la Société ; ce débat

« aura lieu ultérieurement : il ne s'agit aujourd'hui que du refus de signature
« des études "

 « M. le Président pose à M. Collet-Meygret la question catégorique
« s'il entend fournir à la société le concours dont il est tenu, en signer les études dont
« il a été parlé.

 « M. Collet-Meygret répond qu'il n'a pas l'intention de refuser son concours
« à la Société, mais qu'il a refusé de signer les études en question parcequ'il y a
« été fait d'importantes modifications, sans son intervention et sans celle des ingénieurs
« placés sous ses ordres.

 « que des modifications ont été faites sur le papier sans vérification ni pi-
« quetage sur les lieux, que des travaux de ce genre n'ont aucune valeur, et ne peuvent
« présenter aucune sécurité, qu'en conséquence il est fondé à en décliner la responsabilité.

 « M. Carvallo a la parole : il expose au Conseil que les modifications ap-
« portées par la Commission technique ont été faites en les discutant avec M. Collet-
« Meygret et M. La Rivière, tant que ces Messieurs ont voulu assister à
« ses discussions.

 « L'examen comparatif a toujours été fait avec M. l'Ingénieur Froyer
« chargé des études, placé sous les ordres du Directeur Général pour cet objet spécial.

 « Les modifications apportées par la Commission ont eu lieu en un certain
« nombre de points difficiles du tracé, sur des plans cotés à grande échelle avec des courbes
« horizontales, soigneusement tracées, et que M. Froyer a assuré présenter un degré
« d'exactitude et de vérités suffisantes pour étudier les modifications nécessaires dont
« tous les éléments ont été calculés ultérieurement par ce même Ingénieur.

 « Ainsi les modifications ont été apportées avec le concours des Ingénieurs
« placés sous les ordres du Directeur, du moins avec le concours de ceux qui ont voulu le
« prêter.

 M. Carvallo explique que les études et modifications de tracé sont générale-
« ment faites sur les plans cotés, qu'il n'a jamais été procédé autrement dans toutes les
« études de chemin de fer de la Compagnie du Midi.

 « Bien que les cotes calculées sur les plans cotés puissent différer de quelques
« centimètres avec les cotes prises directement à la mise sur le tracé, rapporté sur le terrain,

« ces variations sont insignifiantes ».

« Pour gagner du temps, les projets ainsi déduits des plans cotés sont
« soumis au Ministre qui approuve le tracé, lequel est alors piqueté définitivement
« et nivelé avec la certitude de ne pas faire des opérations inutiles, dispendieuses et fort
« longues. Que du reste il a eu occasion de conférer au Ministère avec M. Cavi, Ingé-
« nieur en chef de Rome, et M. Giorgi, Inspecteur Général du Corps, à qui il a été
« donné les explications qui lui étaient demandées pour la partie du tracé ainsi modifiée
« entre Rome et Orte, explications parfaitement admises par ces Ingénieurs ».

« Le Conseil Général des Ponts et Chaussées de France, le Conseil d'Art
« à Rome, sont préposés à la vérification des projets des Ingénieurs des deux Gouver-
« nements ».

« Les Conseils ne se transportent pas sur les terrains ; ils jugent les projets
« d'après les documents fournis par les Ingénieurs ».

« Le Conseil d'administration a qualité pour contrôler et pour examiner
« les projets qui lui sont fournis ».

« M. Froyer, qui a rédigé ces projets et qui connaît le terrain, a reconnu les
« modifications possibles ; le projet adopté par le Conseil n'est pas autre chose que le
« projet de M. Froyer, modifié dans les parties difficiles du tracé, afin de faire rentrer
« la dépense dans les limites du capital de la Société, tout en respectant dans le projet,
« les conditions du Cahier des Charges de la Construction .

« M. Carvallo demande à M. le Président de poser à M. Collet=Meygret
« la question de savoir s'il s'était occupé de faire le calcul de la dépense des projets
« rédigés par M. Froyer.

« M. Collet=Meygret répond qu'il est inutile de se rendre
« compte de la dépense.

« M. Carvallo fait observer que le premier devoir des Administra-
« teurs et la plus grande utilité du Contrôle est au contraire de s'occuper de
« l'évaluation de la dépense et de s'assurer que les projets présentés n'excéderont
« pas le capital de la Société. »

« M. Carvallo fait observer que le refus de signature de la part des Ingénieurs
« porte sur deux points, et qu'il y a lieu de séparer la question

« Le refus de signer le projet de la 3ème Section présente un grand
« danger pour la Compagnie, en ce sens qu'elle peut encourir la déchéance par le
« défaut de remise ou l'inexécution des conditions du Cahier des charges.

« Le refus de signer le projet de Rome à Orte empêche l'envoi à Paris
« ou la communication dans cette capitale aux concurrents qui ont été appelés
« à la soumission.

« On a peine à comprendre le refus des Ingénieurs de signer cette ex-
« pédition alors qu'ils ont signé les pièces de ces mêmes projets déposés entre les
« mains du Ministre des Travaux Publics.

« M. Collen-Meygret dit qu'il est prêt à signer les études de Rome à
« Orte, mais que pour les autres, il n'a pas examiné le projet ou les modifications étu-
« diées par la Commission Technique.

« qu'il ne peut pas signer un projet qu'il n'a pas vu ou qu'il ne connaît pas,
« et qu'il demande un délai suffisant ou du temps pour faire cette étude.

« M. Manzi répond qu'il faut être logique avant tout et
« qu'il ne s'explique pas comment M. Collen-Meygret a protesté contre
« les projets sans les avoir vus ou examinés, dans ce cas il agit simplement
« pour embarrasser la Compagnie.

« Si au contraire il a protesté après avoir vu et examiné, com-
« ment peut-il demander du temps pour connaître un projet qu'il a déclaré
« être inexécutable.

« M. Manzi fait observer que Monsieur Collen-Meygret a sommé
« la Compagnie de répondre dans un délai de dix jours qui expirent ven-
« dredi matin, et que le temps réclamé aujourd'hui est incompatible avec
« sa sommation.

M. Carvallo dit qu'il est nécessaire, au point de vue légal, de résumer la
« question et de la poser d'une manière très-précise.

« M. Collen-Meygret admet-il que les réponses faites
« dans la séance à la question posée dans sa sommation soient suffi-
« santes pour la communication qu'il pourra demander au Secrétariat d'un extrait
« du procès-verbal ?

« M. Collet-Meygret dit qu'il n'est point obligé de faire une
« réponse à une telle question.

« Un délai de quarante-huit heures est accordé à M. Collet-Meygret
« pour l'examen des projets, il s'engage à faire connaître sa décision au Conseil
« jeudi à midi.

« Le Conseil décide qu'un extrait du procès-verbal de la séance
« sera adressé à M. Collet-Meygret et vaudra réponse à la sommation con-
« tenue dans la dernière Sommation.

Ainsi, voici M. Collet-Meygret en mesure de prouver sa bonne
foi.

Il commence par répondre aux procédés indulgents du Conseil en refu-
sant son concours et se constitue juge des rectifications faites par le
Conseil, lorsque son devoir est d'obéir, il oublie ces dispositions de son traité

« M. Collet-Meygret s'engage à diriger exclusivement la cons-
« truction des chemins sus-énoncés et se conformant sur toutes choses
« aux instructions du Conseil d'Administration.

Le 17 Mars nouvelle Séance :

« La Séance est ouverte à 2 heures.

« M. le Président expose que le but de la réunion est d'entendre la réponse
« de M. Collet-Meygret au sujet de la signature des études.

« M. Collet-Meygret est introduit.

« Il répond à la question qui lui est posée par M. le Président : " quant
« aux études de Rome à Orte si vous y tenez, je suis prêt à les signer ; quant
« à celles de la 5ᵉ Section, je persiste à refuser.

« M. le Président fait observer à M. Collet-Meygret que son refus
« de signer les études est de sa part un véritable refus de concours qui
« place la Société dans un embarras dont la responsabilité pèsera
« sur lui.

« M. le Président demande à M. Collet-Meygret s'il a accusé
« réception de l'envoi qui lui a été fait par la Société d'un extrait du procès-verbal
« de la précédente séance.

« M. Collet-Meygret répond qu'il ne veut pas accuser réception de
« cet envoi et qu'il se maintient dans sa position sans y rien changer.

« M. Cavallo explique que la demande d'un accusé de réception n'a d'autre
« objet que d'éviter une signification par huissier.

« M. Collet-Meygret consent à donner cet accusé de réception qu'il
« promet d'adresser immédiatement au Conseil.

« M. Collet-Meygret se retire.

« M. La Rivière déclare que ne se trouvant pas à l'égard de la Société dans la
« même position que M. Collet-Meygret, il est prêt à signer les études dont il vient d'être parlé.

. . . .

Et après cette séance, il est bien évident que M. Collet-Meygret jugeait lui-
même qu'il ne pouvait rester Directeur-Général.

C'est bien toujours le même système.

Le 8 Mars il signifie l'acte

Le 17 Mars il refuse de signer les études approuvées par le Conseil.

Il en résulte qu'il se déclare indépendant, qu'il refuse d'obéir aux
ordres émanés du Conseil.

En agissant ainsi il rompt violemment son contrat qui dit :

« Que M. Collet-Meygret s'engage à diriger exclusivement la construction des
« chemins sus énoncés en se conformant sur toutes choses, aux instructions du Conseil
« d'administration et à représenter et à défendre les intérêts de la Société sur tous les objets qui se rap-
« porteraient directement ou indirectement à la construction, et pour lesquels il lui serait donné mandat »

Le Comité de Direction veut alors le rappeler à Paris.

Voici la dépêche télégraphique qui lui est adressée le 10 Mars 1859.

« Le Comité de Direction vous invite à vous rendre immédiatement à Paris. »

Il n'y obéit pas.

Ce n'est que plusieurs jours après qu'à l'instigation d'un ami, il consent à venir à Paris
Là il est appelé au Conseil pour fournir des explications.

Nous ne saurions mieux faire que de transcrire ici le procès-verbal
de la Séance.

Extrait des Registres des délibérations
du Conseil d'Administration.

La Séance est ouverte à

« Monsieur le Président rend compte au Conseil des griefs graves auxquels a donné
« lieu la gestion des affaires de la Société par le Directeur général des travaux à Rome,
« et il ajoute que M' Collet-Meygret s'est enfin décidé à se rendre à Paris, et qu'il
« est appelé au Conseil pour fournir toutes les explications qu'il aurait à donner sur sa
« conduite administrative.

« Monsieur Collet-Meygret est introduit.

« Le Président donne lecture successivement des griefs généraux formulés contre
« le Directeur des travaux.

« En ce qui concerne la ligne de Rome à Civita-Vecchia.

« 1º Au sujet des mal-façons signalées dans les travaux et ouvrages
« d'art de cette ligne, M. Collet-Meygret déclare que les travaux sont bien faits et
« que les mal-façons qui apparaissent se produisent également dans tous les
« Chemins de fer.

« M. le Président rappelle que le pont de la Magliana, par exemple,
« était le sujet de critiques vives.

« M. Collet-Meygret répond que cela tenait à ce que les remblais
« avaient été mal faits; et qu'il y a, en définitive, moins d'avaries que sur tout
« autre Chemin de fer. Il s'en réfère, du reste, au rapport fait par M. Poirée.

« 2º Sur la demande qui lui est faite de dire dans quel but
« il n'a pas transmis au Comité l'avis des Ingénieurs du Gouvernement
« Pontifical sur les travaux exécutés, avis qui lui aurait été remis à lui-même,
« M. Collet-Meygret répond qu'il n'a pas reçu ce rapport, qu'il a été remis,
« sans doute, à M. le Comte Antonelli ou à M. de Pontalba, en leur
« qualité d'Administrateurs; que du reste il a notifié les réclamations du
« Gouvernement aux entrepreneurs qui n'en ont tenu aucun compte.

« Une Discussion s'engage sur ce point. Il en résulte que nulle
« instruction, nulle injonction n'ont été transmises aux entrepreneurs par

« M. Collet-Meygret.

« 3° Faute d'avoir satisfait aux prescriptions du Gouvernement, une ordonnance
« ministérielle est intervenue sur les mal-façons non-réparées, et M. Collet-Meygret ne l'a
« point communiquée au Conseil. De même il a dissimulé au Conseil une lettre du
« Ministre menaçant la Société de Déchéance.

« M. Collet-Meygret répond qu'il ignore ce que signifie cette ordonnance, à
« moins, ajoute-t-il, qu'il ne s'agisse d'une menace de déchéance provoquée par une
« lettre de M. Mirès, en date du 26 février, adressée au Ministre des finances.

« M. Mirès répond que nulle lettre provocatrice n'a été adressée au
« Ministre.

« Que sur les observations de ce fonctionnaire que les études n'avaient pas
« été faites, que les travaux n'avaient été entrepris nulle part et que le Gouverne-
« ment Pontifical avait les plus justes griefs,

« M. Mirès répondit au Ministre qu'en effet la Société avait eu
« à se plaindre de la négligence de ses Ingénieurs ; mais qu'elle était résolue à
« donner toute satisfaction au Gouvernement du St Père, et qu'elle allait demander
« au Ministre de lui faire connaître tous les Griefs pour les réparer.

« M. Mirès ajoute que la menace de Déchéance est parvenue à la
« Société le jour même de l'arrivée à Rome de M. Cochery. Car ce même jour, M.
« Larivière vint faire visite à M. Cochery, et ce fait, dans cette visite, fut le
« sujet de l'entretien. Il y a même cette circonstance que sur les plaintes de M.
« Mirès, relatives à cette déchéance signifiée, M. Larivière répondit que ce n'était
« pas la première fois que pareille chose se produisait ;

« Mais qu'on n'y avait jamais donné suite.

« Une vive discussion s'était engagée à cette occasion, en présence de M.
« de Pontalba, qui s'en est parfaitement souvenu et l'a confirmé au Conseil.

« Or, M. Cochery étant arrivé à Rome dans le mois de Janvier, la
« menace de Déchéance ne pouvait correspondre à la lettre du Ministre ; mais
« du reste la copie des pièces et la date fixeront le Conseil.

« 4° Importance du cube des terrassements non-constatée ; par suite,
« paiements exagérés à M. Debrousse pour cet objet.

« Pendant deux ans l'on a constamment demandé à M. Collet-Meygret le cube des terrassements à exécuter sur la ligne de Rome à Civita . Vecchia .

« Jamais il ne l'a produit, et le 20 Mars 1858, ce Directeur a annoncé que les
« Terrassements n'atteindraient pas 850.000 m^3

« Ce cube cependant · a atteint 1.100.000 mètres et à 3^{f}60, prix de la série
« Conventionnelle ; le Directeur se disposait à payer près de 4.000.000 pour un travail,
« qui, d'après la Série conventionnelle ne devait pas dépasser 3.000.000^f

« M. Collet répond qu'il a payé d'après la Série conventionnelle et les
« instructions de Paris en date du mois d'Octobre 1858.

« De la discussion, à laquelle donne lieu la réponse de M. Collet-Meygret,
« il résulte :

« Depuis longtemps on demandait au Directeur l'état des travaux restant
« à faire, sans pouvoir l'obtenir. M. Debrousse voulant user de la faculté que lui
« donnait l'art. 36 de son traité, demandait une révision de la série conventionnelle
« qui servait de base aux états de paiements .

« Le Directeur dans son rapport d'Octobre 1858 prétendait que
« cette révision donnerait à M. Debrousse un droit à un paiement anticipé de
« 755.000^f .

« Le Comité de Paris pour s'affranchir de ce paiement transigea avec
« M. Debrousse, en consentit à lui allouer un supplément de prix de 3^f par
« traverse, soit environ 280.000^f, afin de s'affranchir du paiement de 755.000^f,
« et par suite, écrivit au Directeur de continuer à payer d'après la Série
« Conventionnelle .

« Comme conséquence de ce qui précède, il résulte que le Comité de
« Paris ne pouvait supposer que les allégations du Directeur, soit sur
« l'importance du cube des terrassements, soit sur les conséquences de la révision,
« prévue à l'art. 36 du Contrat Debrousse, fussent deux allégations erronées
« de nature à égarer le Conseil et favoriser l'entrepreneur .

« Et la justification de M. Collet Meygret et précisément une
« grave accusation contre lui .

5°: Une lettre du Comité de Paris, en date du 27 9bre 1858 et commu-
« niquée par M. le Bon de Sontalba le 2 Décembre, donnait des instructions à
« M. Collet Meygret relativement aux situations Debrousse.

« Malgré ces instructions, le Directeur a dressé et signé, le 7 X.bre, un état de
« situation inexact dont la conséquence a été de faire payer à M. Debrousse et
« induement une somme de 644.000 francs.

« Il résulte des renseignements recueillis à Rome et transmis par un
« des membres du Conseil que la lettre dont il s'agit, arrivée à Rome le 2 Décembre,
« a été remise le même jour, par M. de Pontalba, et en présence de M. Larivière, une
« discussion s'éleva sur son contenu et les prescriptions qu'elle renfermait : M. Collet fit
« observer que la vérification demandée, qui consistait à faire connaître avec précision les
« travaux restant à faire sur la ligne de Civita-Vecchia allait détourner les
« employés de leurs travaux et retarder l'ouverture de la ligne qu'on espérait pouvoir
« obtenir pendant ce même mois de Décembre.

« A la suite de cette discussion, M. Collet proposa à M. de Pontalba
« de reprendre cette lettre et de la considérer comme non avenue. Cinq jours après
« M. Collet autorisa un paiement de 644.000.f à M. Debrousse.

« Tous ces faits affirmés par M. de Pontalba sont niés par M. Collet.
« En ce qui concerne la ligne de Rome à Ancône et 1.° à l'égard des Études complétem.t
« négligées depuis 2 ans, malgré les instances du Comité, du Gouvernement et de
« ses Ingénieurs, M. Collet-Meygret répond qu'il y avait un traité à forfait
« pour ces études et qu'il n'avait pas à s'en occuper.

« 2.° Sur la question de savoir s'il a refusé son concours pour les projets
« adoptés par le Conseil technique, M. Collet reconnaît qu'il n'a pas voulu
« approuver les projets présentés.

« M. le Président porte à la connaissance du Conseil la dénonciation
« faite au Comte Antonelli, le 27 8.bre 1858, dans les circonstances suivantes :

« M. Collet-Meygret, assisté de M. Larivière et de M. Lepouvec,
« Sous-Directeur et ingénieur, déclare au Vice-Président du Conseil :

« Que si les travaux n'étaient pas poussés avec activité, c'est que la Société
« qui, dans sa correspondance officielle, paraissait désirer voir les travaux s'activer
« par des correspondances intimes les arrêtait.

« M. Collet a repoussé la vérité de cette dénonciation ; il a, pour la
« justifier, produit une lettre confidentielle qui ne justifiait aucunement cette dénonci.
« laquelle dénonciation tous les honnêtes gens flétrissent quand elle vient d'un indiffér.

« mais qui est encore plus coupable lorsqu'elle est faite par un employé.

« Cette lettre, au contraire, écrite par un des administrateurs délégués, appelait
« toute l'attention de M. Coller sur les fautes graves déjà commises par lui, et dans
« son intérêt et dans un sentiment tout de bienveillance lui donnait des conseils
« que M. Coller n'a pas suivis.

« Dans cette circonstance, le tort de M. Coller-Meygret a ce double
« caractère de reposer sur un fait faux et de constituer une délation calomnieuse
« pouvant entraîner la retraite du Vice-Président, du Conseil d'administration et
« peut-être la déchéance pour cause de duplicité et de manquement aux
« obligations de la part de la Compagnie.

« Interpellé sur un voyage d'agrément à Naples qu'il aurait fait avec
« M. Larivière en 8bre 1858, sans aucune autorisation préalable, Mr Coller-
« Meygret reconnaît qu'il a fait ce voyage.

« M. Coller-Meygret se retire.

« Le Conseil décide qu'une commission composée de M.M. Lévy
« Solar et Calvet-Rogniat sera chargée d'instruire l'affaire qui vient de lui
« être soumise et que cette commission lui fera connaître par un rapport, le
« résultat de son enquête.

« La séance est levée. »

———

Après ces explications qui bien évidemment le condamnaient, M.
Coller-Meygret, désireux de se soustraire à la juste indignation du Conseil et
empressé d'aller profiter des hostilités déchaînées par ses actes contre la Société,
manifesta l'intention de retourner à Rome.

Le 26 Mars, on lui adressa la lettre suivante :

« La Commission d'enquête nommée hier par le Conseil d'Admi-
« nistration de la Société générale des Chemins de fer Romains, vous invite à
« vous tenir à sa disposition en ne donnant aucune suite au projet que vous
« auriez manifesté à M.M. les Membres du Conseil de Direction de retourner
« à Rome. La Commission vous fera connaître ultérieurement le jour et
« l'heure où elle vous entendra.

« Recevez, Monsieur, l'assurance de notre considération distinguée

« Les Membres du Comité. »

Signé : F. Solar ; Fréd. Lévy.

Le 8 Avril, nouvelle lettre :

« Le Comité de Direction vous invite à rester à Paris jusqu'à nouvel
« ordre. La Commission d'enquête nommée par le Conseil d'Administration ayant
« encore des renseignements et des explications à vous demander.

« Recevez l'assurance de notre considération distinguée.

« Pour le Comité De Direction

« Signé : F. Solar, Fréd. Lévy. »

M. Coller. Meygret part le même jour, montrant ainsi que la
rébellion est complète de sa part.

Il a refusé de rester à Bologne pour prendre soin des intérêts de la Société.

Il ne veut pas également rester à Paris où devrait le retenir le désir
d'essayer sa justification.

Il préfère aller à Rome faire des significations contre la Société.

Le Conseil obéissant alors à son devoir révoque ce subordonné rebelle.

Le 12 Avril 1859, la dépêche suivante est adressée à Rome

« De Pontalba et Raynouard. »

« à Rome. »

« Malgré ordre du Comité de rester à Paris ; Coller parti pour Rome. Dans
« la séance d'hier, Comité a révoqué Coller ; révocation portée à la connaissance du
« Comité de Rome avec prière de ratifier ou de signifier décision.

« Signé : F. Lévy. J. Mirès. F. Solar. »

M. Coller. Meygret arrive à Rome ; on lui fait connaître sa révocation.
Il persiste à venir reprendre sa place à son bureau ; il voudrait provoquer une
scène scandaleuse.

Bien plus, profitant de la Complaisance d'un ancien subordonné ; il
prend les pièces de la Société, y appose son visa, signe plusieurs lettres :

On lui demande de régler ses différends par l'arbitrage convenu à son
traité.

Il répond que cet arbitrage ne saurait plus exister, que l'un des
arbitres est en voyage :

Alors on lui offre de s'en rapporter à la décision de M. Mallet.

Il n'ose refuser ouvertement, il semble accepter.

Mais quand il s'agit d'arrêter la rédaction du compromis, il soulève difficultés sur difficultés :

On lui offre de s'en référer à l'arbitrage de M. Mallet, même pour la rédaction du Compromis :

Il refuse.

Le procès-verbal de la séance du 2 Mai rend compte de toutes les résistances de M. Collet-Meygret.

. . . .

M. Raynouard prend la parole :

" Messieurs

. . . .

. . . .

" Vous savez, M.M., que par délibération du 11 Avril dernier le Conseil
" d'Administration à Paris a révoqué M. Collet-Meygret de ses fonctions de
" Directeur Général des travaux de la Société.

. " Cette révocation n'avait été portée qu'officieusement à la connaissance de
" M. Collet-Meygret et la notification officielle en avait été différée par ce qu'à la
" suite d'une visite faite à M. le Comte Antonelli, par M. Collet-Meygret,
" M. le Cte avait manifesté le désir qu'une dernière tentative de conciliation fût
" faite et le Comité s'était associé à cette pensée.

" M. de St Priest, Secrétaire Général, avait été chargé de cette négociation.

" Par la lettre en date du 20 Avril, M. Collet-Meygret a posé les bases de sa
" négociation.

" Il a proposé et déclaré accepter l'arbitrage souverain de M. Mallet,
" Sénateur, Inspecteur-général des Ponts et Chaussées de France.

" Cette lettre est ainsi conçue :

" Rome le 20 Avril 1859

" M. De St Priest, à Rome :

" Mon cher Ami, vous m'avez proposé, d'accord avec le Comité, de remettre à

« M. Mallet, Sénateur, l'un des arbitres désignés dans mon traité, la fixation de l'indemnité à
« laquelle j'aurai droit, par suite de la cessation de mes fonctions de Directeur général des travaux
« de la Société. M. Mallet, jugeant, bien entendu, souverainement et en dernier ressort, sans
« appel ni recours, j'accepte d'autant plus volontiers cette solution que moi-même j'ai
« autorisé M. Mallet à constituer à lui seul le tribunal arbitral qui
« videra nos différends.

« Les pouvoirs que je lui ai remis à cet effet sont complets et
« absolus.

« Signé : Collet-Meygret. »

« Dès la communication de cette lettre, connaissant l'assentiment complet du Comité
« de Rome, nous avons adressé à Paris une dépêche télégraphique au Comité de Direction pour
« consulter le Conseil d'administration et nous transmettre son opinion dans le plus bref délai.

« Le 22 Avril nous avons reçu la dépêche télégraphique suivante :

« Nous acceptons l'arbitrage Mallet. »

« Nous nous sommes hâtés, M.M; de remettre cette dépêche à M. de St Priest, car
« dès cet instant, l'arbitrage de M. Mallet a été constitué et est devenu la loi des parties par la
« réunion d'un consentement mutuel entre les mains du négociateur.

« Il ne s'agissait plus que de régler les détails du Compromis.

« Vous savez, M.M, que la première condition de tout Compromis, c'est de
« réserver impartialement les Droits de toutes les parties. C'est dans ce sens
« qu'une première rédaction fut proposée par la Société. M. Collet-Meygret y apporta des changements, la
« plupart furent acceptés ; entre autres choses, M. Collet-Meygret avait demandé l'engagement direct et
« personnel de M. le Duc de Rianzares et de M. le Cte Antonelli, garantissant à M. Collet-Meygret
« l'exécution de la sentence sans formalité et le paiement dans la quinzaine de toutes sommes qui pourraient lui être allouées.

« M. le Duc et M. le Comte pour faciliter la négociation ont bien voulu accéder à
« cette demande de M. Collet-Meygret, malgré son caractère insolite.

« Voici, M.M, le texte du Compromis de la lettre que consentent à écrire le Duc de
« Rianzares et M. le Comte Antonelli :

« Par le présent fait à triple original, entre la Société générale des Chemins de fer Romains,
« et M. Alcide Louis Collet-Meygret, Ingénieur des Ponts et chaussées, il est expliqué et convenu ce qui
« suit : La Société Générale des Chemins de fer Romains a retiré à M. Collet-Meygret le mandat qu'elle
« lui avait donné pour la Direction générale des travaux, aux termes de la notification qui lui en a été faite

« par lettre en date du 30 avril 1859, contre laquelle M. Collet-Meygret déclare protester.

« M. Collet-Meygret réclame en vertu de son traité, les indemnités et primes auxquelles il prétend avoir

« droit, et que la Société prétend ne pas devoir. Pour trancher la difficulté qui s'élève à ce sujet, la Société et M.

« Collet-Meygret conviennent de soumettre leur différend et le règlement de toutes contestations existantes ou pouvant exister

« entre eux, à l'arbitrage de M. Mallet, Sénateur, Inspecteur Général des Ponts & Chaussées, demeurant à Paris.

« Cet arbitrage sera souverain et décidera en dernier ressort, sans appel ni recours en cassation, les parties promettant

« loyalement et de bonne foi d'exécuter sans délai la décision à intervenir, la sentence arbitrale sera exécutoire, sans formalités

« de timbre ni d'enregistrement. Elle devra être rendue d'ici au premier Juin prochain avec faculté à M. Mallet de proroger ce

« terme s'il le trouve convenable.

« M. Mallet sera régulièrement saisi de l'arbitrage par la remise que lui fera la partie la plus diligente d'une

« copie du présent acte.

« Dans le cas où l'exécution du présent acte ne sortirait point à effet les parties rentreraient dans tous leurs

« droits et actions généralement quelconques, sans qu'il soit besoin d'aucune signification, mise en demeure, ou autres

« formalités.

« Les parties font élection de domicile pour l'objet du présent acte, savoir : La Société à son siège social, à

« Rome ; et M. Collet-Meygret à son domicile, à Rome. Le présent acte qui sera transcrit au registre des

« délibérations est dressé en triple expédition en langues française et Italienne. Une expédition en chaque langue

« sera remise à chacune des parties, la troisième pourra être déposée chez un Notaire par la partie qui le jugera

« convenable et qui en paiera seule les frais.

« Fait et signé à Rome, le   Avril 1859.

« A M. Collet-Meygret.

« Par addition au Compromis qui vient d'être signé entre vous et la Société Générale des

« Chemins de fer Romains, au sujet des contestations existantes entre elle & vous et qui établit M.

« Mallet arbitre souverain de ces contestations ; nous prenons envers vous suivant votre demande et

« sans rien préjuger sur les fonds de la question, l'engagement personnel de faire exécuter la sentence

« arbitrale à intervenir, dans la quinzaine de la communication qui vous en sera faite, vous garantissant,

« par cela même, tous et chacuns que toute somme qui vous serait allouée par ladite sentence, vous sera

« payée par la Société dans le dit délai de quinze jours ou par elle, ou, à son défaut, par

« nous-mêmes, tous et chacun.

« Vous le voyez, M.M., nous ne pouvions pousser plus loin le désir de la

« conciliation.

« Eh bien, nous avons le regret de vous annoncer qu'après de longues

« négociations, ces tentatives de conciliation n'ont pas abouti.

« M. Collet-Meygret a élevé au sujet de la rédaction du compromis, des « prétentions vraiment exorbitantes, vous allez en juger.

« D'abord à la fin du second paragraphe, parlant de ses réclamations, « nous avons dit qu'il réclamait les primes et indemnités stipulées dans « son contrat. M. Collet-Meygret s'en obstiné à vouloir mettre : les « primes et indemnités auxquelles il a droit. Vous comprenez l'absurdité « de cette prétention. Un Compromis est un acte neutre, qui ne doit ni « augmenter, ni diminuer les droits d'aucune des parties; et voilà M. « Collet-Meygret qui veut que nous reconnaissions qu'il a droit « lorsque le fond même du débat est de faire arbitrer par M. Mallet « si ce droit existe.

« L'obstination de M. Collet-Meygret à ce sujet ne peut « être considérée que comme un refus déguisé de tout arbitrage.

« Toutes les pièces ont été remises à M. de Saint-Priest « qui les a communiquées pendant plusieurs jours à M. Collet-Meygret. « Ces pièces étaient les suivantes :

« 1° La dépêche télégraphique acceptant l'arbitrage de M. « Mallet.

« 2° Le Compromis admettant la plupart des modifications de « M. Collet-Meygret.

« 3° La lettre que devaient signer M. le Duc de Rianzares « et M. le Comte Antonelli.

« 4° La lettre de M. l'Administrateur délégué donnant connaissance « officielle à M. Collet-Meygret de sa révocation.

« M. Collet-Meygret avait connaissance de ces pièces dont quelques« unes sont annotées de sa main, nous considérions avant-hier samedi cette affaire comme « complètement arrangée.

« Quel n'a pas été notre étonnement lorsque nous avons vu se « reproduire l'incident le plus inqualifiable.

« Tandis que depuis plusieurs mois, M. Collet-Meygret se tient à l'écart, tandis « qu'il n'ignorait pas que l'entrée des bureaux lui était interdite dans la journée,

« du samedi il a affecté de reprendre subitement ses travaux et
« de multiplier des annotations et des signatures sur les dossiers
« de toutes les affaires courantes à la date du 30 Avril, pour constater
« une qualité qu'il savait ne plus avoir, s'abritant derrière un défaut
« de signification, en ne tenant aucun compte des circonstances person-
« nelles qui avaient fait différer la remise de la lettre que M. de Saint-
« Priest avait en main.

« Vous devons le dire, Messieurs, ce procédé nous a vivement
« émus, et vous partagerez cette émotion. Vous ne qualifierons pas un
« pareil acte, c'est à votre conscience de le juger ; mais si dans les circon-
« stances à venir, M. Collen-Meygret veut se faire un titre de l'intervention
« tardive qu'il a faite subrepticement samedi dans nos affaires, qu'il avait
« depuis si longtemps abandonnées, de lui, le procès verbal de cette séance
« suffira pour lui répondre.

« En résumé, on n'a pu s'entendre sur la rédaction du compromis,
« et la lettre que M. de Saint Priest avait en mains portant notifica-
« tion de la révocation a été remise à M. Collen Meygret.

« Le défaut d'entente sur la rédaction des détails du compromis
« n'est pas une raison pour ne pas nous en référer à l'arbitrage sou-
« verain de M. Mallen. Cet arbitrage est accepté par les parties
« depuis le 22 Avril pour régler toutes nos contestations présentes et
« futures. Celle relative aux termes des compromis sera la première à
« soumettre à M. Mallen.

« Vous le voyez, Messieurs, nous avons fait tous nos
« efforts pour seconder le désir de conciliation qui nous anime tous ;
« mais nos efforts devaient nécessairement s'arrêter devant des préten-
« tions qui tendaient à compromettre les intérêts de la société.

« Vous avons dû, Messieurs, porter ces faits
« à votre connaissance et vous soumettre les détails de cette
« négociation difficile, en vous demandant l'autorité et votre concours
« et de votre approbation.

« Le Conseil approuve le rapport de M. Raynouard.

« M. de Ponsalba donne lecture au Conseil de la lettre par laquelle
« il a notifié à M. Collet Meygret sa révocation et de celles par
« lesquelles il en a donné connaissance aux Ingénieurs de la Société.

Rome, le 30 Avril 1859.

« A. M. Collet Meygret, Ingénieur des Ponts en Chaussées.

« Monsieur, Je porte officiellement à votre connaissance que par
« délibération prise à Paris, le onze avril courant, le Conseil d'Administration
« de la Société générale des chemins de fer Romains vous a révoqué de vos fonc-
« tions de Directeur général des travaux de la Société.

« En conformité des accords intervenus et qui sont en mains de
« M. de Saint Priest, M. Mallet se trouve saisi de l'arbitrage souverain de nos
« contestations. Nous allons lui adresser les pièces nécessaires pour l'accomplisse-
« ment de son mandat. Recevez &ª. » — signé : Pontalba, Administ. délégué.

Ce qui précède prouve tout le désir de conciliation de la Société,
et que M. Collet Meygret n'a jamais voulu l'arbitrage.

Ce qu'il lui fallait, c'était tenter d'effrayer la société par un procès
public, et en effet, il s'en allait disant en tous lieux qu'il avait des lettres de nature
à compromettre la société

S'il en avait eu, si ces lettres eussent été des lettres confidentielles,
l'honneur lui défendait d'en donner connaissance.

Mais il n'en avait pas.

Est-ce donc la la conduite d'un Directeur Général vis à vis de
la société qui l'emploie ? Est-ce ainsi qu'il doit chercher à faire résoudre les
différents qu'il peut avoir avec la Société ?

Après tous ces incidents, M. Collet Meygret, assigne la Société devant le Trib. de Com. de Rome.

Il demandait alors cent mille francs. — La société dut opposer le compromis
stipulé au traité et déclarer que dans tous les cas elle était prête à accepter l'arbitrage de M. Mallet.

On se présente à l'audience. — Le Tribunal après avoir entendu les avoués des parties,
manifeste qu'il y a lieu à arbitrage, et renvoie à quinzaine pour avoir la preuve de l'acceptation d'un arbitre.
C'est alors seulement que M. Collet Meygret a accepté l'arbitrage.

Il a échoué dans sa première campagne de scandale

Il échouera également dans ses prétentions devant les arbitres qui apprécieront le
Directeur par sa conduite dans les préliminaires de l'arbitrage.

Conclusion

Nous sommes arrivés au terme de cette longue note ; nous avons cherché à la restreindre autant que possible, même au prix du sacrifice des griefs que la société aurait pu encore produire contre M. Collet Meygret, nous nous sommes limités aux plus importants.

Ce que nous avons exposé suffit, du reste, et bien au delà pour justifier nos conclusions.

Nous n'avons pas à discuter le chiffre de la demande de M. Collet Meygret, à établir qu'il avait par ses négligences rendu impossible l'exécution des Chemins Romains dans le délai de cinq années à partir de son contrat, qu'ainsi par son fait, il ne pouvait, dans aucun cas, y avoir lieu à l'application des primes.

Le terrain réel de la discussion est tout autre.

Nous demandons en effet à ce que le tribunal arbitral constate que la société des chemins de fer Romains avait droit de révoquer, sans indemnité, le mandataire qui avait manqué aux devoirs de son mandat, et le rende responsable du préjudice causé à la société par ses fautes réitérées et par ses rébellions.

Nous n'élevons pas ici une discussion de droit, les principes du mandat sont trop simples, trop faciles à appliquer dans la cause, pour qu'il soit nécessaire d'insister longtemps à cet égard.

Les règles du mandat sont déterminées par les articles 1991 et 1992 qui s'expriment ainsi :

« Art. 1991 « Le mandataire est tenu d'accomplir le mandat tant qu'il en demeure chargé, et répond des dommages intérêts qui pourraient résulter de son inexécution »

Il est tenu de même d'achever la chose commencée au décès du mandant, s'il y a péril en la demeure.

« Art. 1792 « Le mandataire répond non seulement du dol, mais encore des fautes qu'il commet dans sa gestion.

« En Commandite, la responsabilité relative aux fautes est appli-
« quée moins rigoureusement à celui dont le mandat est gratuit
« qu'à celui qui reçoit un salaire.

« M. Troplong, dans son savant commentaire du mandat au N°
890, détermine ainsi les applications de ces deux articles.

« Il n'hésitera pas à penser que le mandataire peut devoir, sous
« le code civil, non seulement l'indemnité de son dol et de sa faute lourde,
« mais encore celle de sa faute légère; l'art. 1992 ne laisse pas
« de doute sur ce point.

Enfin, analysant les devoirs du mandataire dans une longue
discussion, à laquelle nous supposons les arbitres de se reporter, il précise
un des devoirs du mandataire que nous voulons citer ici parce qu'il fait
contraste avec la conduite de M. Collet-Meygret.

« Un second devoir du mandataire, c'est de tenir son mandant au courant de tout
« ce qui peut lui être utile, de l'éclairer sur la situation de l'affaire,
« sur sa marche, sur les incidents qui la traversent etc...

« La négligence du mandataire à donner au mandant les
« avis propres à influer sur ses résolutions ouvrirait une action
« en responsabilité. »

Ces principes établis, l'application est fatale pour M. Collet-
Meygret.

Il n'a rempli son mandat à aucun point de vue.

Il a par ses négligences, par désobéissance aux ordres du Conseil,
par ses faiblesses à l'égard des entrepreneurs, compromis gravement la
société, soit vis-à-vis du gouvernement, soit vis à vis du public.

Il a commis fautes sur fautes.

Les justifications de tous ces griefs de la société abondent dans les
faits exposés par nous.

Il suffit de jeter un rapide regard en arrière pour s'en convaincre

On donne vingt cinq mille francs à M. Collet-Meygret
pour ses frais de représentation et de voyage. Au lieu de représenter digne-

ment la société, de multiplier les courses sur la ligne pour assurer la surveillance, il s'abtient de représentation, de voyages, et économise la presque totalité de ce qui ne devrait entrer dans ses mains qu'à titre de dépôt.

Pour les études il les néglige, malgré les ordres du Conseil; compromet la société auprès du gouvernement, l'empêche de développer ses travaux.

S'il en remet enfin quelques parties au Conseil, elles sont mal faites, sans mémoires descriptifs, sans devis, toujours incomplètes malgré les ordres du conseil.

M. Collet Meygret pousse le manquement à ses devoirs jusqu'à faire disparaître les lettres administratives constatant les graves reproches de la Compagnie.

Dans l'exécution des travaux sur la ligne principale M. Collet Meygret laisse pratiquer expropriations et travaux en dehors du tracé du chemin.

Il laisse l'Entrepreneur Sarti, n'attaquer que les travaux qui lui constituent des bénéfices énormes, grâce à une imprudente rédaction de séries conventionnelles faites par M. Collet Meygret. Celui-ci désobéit aux ordres du Conseil qui lui intime de prendre la direction des travaux, conformément au Cahier des charges de l'Entrepreneur et de sauvegarder ainsi les intérêts de la société.

Lorsqu'il s'agit du règlement des travaux, M. Collet Meygret défend la société avec négligence.

Pour la ligne de Rome à Civita-Vecchia, M. Collet Meygret laisse établir le chemin dans de détestables conditions de construction, malgré les avertissements du Conseil ; il fait payer à l'Entrepreneur plus qu'il ne lui est dû, en vertu des situations dressées en contradiction avec les ordres du Conseil.

Il compromet la Société par des devis erronés, des fautes de toute espèce notamment dans l'écartement des rails, et en laissant en arrière les travaux les plus nécessaires à l'Exploitation, tels que ceux des gares, stations et maisons de garde.

Pour le raccordement dans Rome, il fera acte de révolte complète contre le Conseil d'Administration en ne tenant pas compte de ses réserves pour l'approbation des projets et de ses ordres pour la rédaction des situations.

Enfin, quand les fautes nombreuses de M. Collet Meygret sont révélées au Conseil, lui, employé de la Société, a recours à des actes de rebellion et d'aggression tels, qu'on y ajouterait pas foi s'ils n'étaient pas constatés par des actes.

Il est donc établi que : Le Conseil ne pouvait sans manquer à son devoir s'abstenir de révoquer M Collet Meygret.

Il n'est dû aucune indemnité à M. Collet Meygret puisque c'est par son fait qu'il a été révoqué.

Il doit au contraire la réparation du préjudice qu'il a causé à la Société.

Nous ne voulons plus ajouter qu'un mot.

Les arbitres sont chargés d'une grave question.

Ce n'est pas seulement un intérêt pécuniaire qu'ils ont à juger mais l'affaire comporte un intérêt bien plus grand.

Est-ce M. Collet Meygret, est-ce le Conseil d'Administration qui a eu tort.

Un homme comme M. Collet Meygret auquel un Conseil confie d'énormes intérêts peut-il à son gré les compromettre.

Si la Société générale des Chemins de fer Romains perdait son procès, il n'y aurait plus d'autorité possible en matière d'administration de Chemin de fer.

Table des Matières.